Klausurtraining

Arthur Schnitzler

Traumnovelle
Leutnant Gustl

Von Stefan Schäfer

Ernst Klett Verlag
Stuttgart · Leipzig

Zitate im Text beziehen sich auf folgende Ausgaben:
Arthur Schnitzler: Traumnovelle.
Text mit Materialien.
Ausgewählt von Andreas Erb.
Klett Editionen für den Literaturunterricht.
Ernst Klett Verlag, Stuttgart/Leipzig 2005.
ISBN 978-3-12-352052-8

Arthur Schnitzler: Leutnant Gustl.
Text mit Materialien.
Ausgewählt von Stefan Schäfer.
Klett Editionen für den Literaturunterricht.
Ernst Klett Verlag, Stuttgart/Leipzig 2009.
ISBN 978-3-12-352461-5

Verfasser der Seiten 45–48 (Epische Grundbegriffe):
Jörg Ulrich Meyer-Bothling

1. Auflage 1 5 4 3 2 1 | 13 12 11 10 09

Alle Drucke dieser Auflage sind unverändert und können im Unterricht nebeneinander benutzt werden. Die letzte Zahl bezeichnet das Jahr dieses Druckes.

Redaktion: Pia Elfert, Leipzig; Ursula Schwarz
Herstellung: Carina Riehl

Layoutkonzeption: Kai Twelbeck, Stuttgart
Umschlaggestaltung: one pm Petra Michel, Stuttgart
Umschlagfotos: Avenue Images GmbH (RF/Radius Images/Masterfile), Hamburg; Avenue Images GmbH (RF/Masterfile), Hamburg; a bis z-Publishing GmbH, Leipzig

Satz: Marion Rackwitz, Paulinenaue
Reproduktion: Meyle + Müller Medien-Management, Pforzheim
Druck: AZ Druck und Datentechnik GmbH, Kempten
Printed in Germany
ISBN 978-3-12-352457-8

9 783123 524578

Liebe Schülerinnen und Schüler,

das vorliegende Heft bietet ein Intensivprogramm für alle, die sich schnell, aber gründlich auf eine Klausur zu Arthur Schnitzers „Traumnovelle“ oder „Leutnant Gustl“ vorbereiten möchten – sei es nun eine Klausur im laufenden Schuljahr oder die Abiturprüfung.
Im Unterschied zu anderen Übungsheften konzentriert sich das Klausurtraining auf zwei der obligatorischen Themen des nordrhein-westfälischen Zentralabiturs und trainiert anhand von Schnitzlers Erzählungen drei mögliche Aufgabentypen, die im Abitur des Landes Nordrhein-Westfalen vorkommen können:

- die Analyse eines Sachtextes mit weiterführendem Schreibauftrag
- die vergleichende Analyse von literarischen Texten
- die Analyse eines literarischen Textes mit weiterführendem Schreibauftrag

Das Heft ist in drei Teile gegliedert:

Teil I: Klausurtraining (S. 4)
Die drei Aufgabentypen werden schrittweise und systematisch anhand einer Beispielklausur erarbeitet. Jeder Durchgang durch eine Klausur ist in sich abgeschlossen und kann gesondert durchlaufen werden. Am Ende steht jeweils eine Musterklausur.
Die Erarbeitung der drei Klausuren erfolgt in sechs Arbeitsschritten, die sich – je nach Aufgabenart – geringfügig unterscheiden. Mögliche Ergebnisse der einzelnen Arbeitsschritte und ihrer Teilschritte erscheinen im Heft farbig unterlegt – als Hinweis für Sie, wie Ihre Aufzeichnungen und Notizen aussehen könnten.

Teil II: Analyse/Interpretation (S. 29)
Dieser Teil enthält eine knappe, auf die wesentlichen Gesichtspunkte konzentrierte Analyse der beiden Erzählungen. Sie ist systematisch nach den Aspekten gegliedert, die für die Erschließung epischer Texte von Bedeutung sind. Hier können Sie Ihre Kenntnisse der Texte auffrischen und sich noch einmal über die Analyseergebnisse informieren, die für die Bearbeitung von (Abitur-)Klausuren unentbehrlich sind. Am Ende eines jeden größeren Abschnittes sind die wichtigsten Inhalte zusammengefasst – ideal zum raschen Wiederholen.

Teil III: Zum Umgang mit epischen Texten (S. 43)
Die letzten Seiten sind zum Heraustrennen und Falten gedacht – für das Lernen unterwegs. Hier können Sie die bei Klausuren geforderten Basiskompetenzen, das Wichtigste zu „Traumnovelle“ und „Leutnant Gustl“ in aller Kürze sowie die nötigen Grundbegriffe der Prosatextanalyse nachschlagen.

Zum Schluss wünschen wir Ihnen gutes Gelingen bei der Arbeit mit diesem Heft sowie bei Ihren Klausuren und in der Abiturprüfung viel Erfolg!

Stefan Schäfer

Musterklausur 1

Ernst Mach: Analyse der Empfindungen (1886; Auszug)

Farben, Töne, Wärmen, Drücke, Räume, Zeiten usw. sind in mannigfaltiger Weise miteinander verknüpft, und an dieselben sind Stimmungen, Gefühle und Willen gebunden. Aus diesem Gewebe tritt das relativ Festere und Beständigere hervor, es prägt sich dem Gedächtnisse ein, und drückt sich in der Sprache aus. Als relativ beständiger zeigen sich zunächst räumlich und zeitlich verknüpfte *Komplexe* von Farben, Tönen, Drücken usw., die deshalb besondere Namen erhalten, und als *Körper* bezeichnet werden. Absolut beständig sind solche Komplexe keineswegs.

Mein Tisch ist bald heller, bald dunkler beleuchtet, kann wärmer und kälter sein. Er kann einen Tintenfleck erhalten. Ein Fuß kann brechen. Er kann repariert, poliert, Teil für Teil ersetzt werden. Er bleibt für mich doch der Tisch, an dem ich täglich schreibe.

Mein Freund kann einen anderen Rock anziehen. Sein Gesicht kann ernst und heiter werden. Seine Gesichtsfarbe kann durch Beleuchtung oder Affekte sich ändern. Seine Gestalt kann durch Bewegung oder dauernd alteriert werden. Die Summe des Beständigen bleibt aber den allmähligen Veränderungen gegenüber doch immer so groß, dass diese zurücktreten. Es ist derselbe Freund, mit dem ich täglich meinen Spaziergang mache.

Mein Rock kann einen Fleck, ein Loch erhalten. Schon der Ausdruck zeigt, dass es auf eine Summe von Beständigem ankommt, welchem das Neue hinzugefügt, von welchem das Fehlende nachträglich in Abzug gebracht wird.

Die größere Geläufigkeit, das Übergewicht des Beständigen gegenüber dem Veränderlichen drängt zu der teils instinktiven, teils willkürlichen und bewussten Ökonomie des Vorstellens und der Bezeichnung, welche sich in dem gewöhnlichen Denken und Sprechen äußert. Was auf *einmal* vorgestellt wird, erhält *eine* Bezeichnung, *einen* Namen.

Als relativ beständig zeigt sich ferner der an einen besonderen Körper (den Leib) gebundene Komplex von Erinnerungen, Gefühlen, welcher als *Ich* bezeichnet wird. Ich kann mit diesem oder jenem Ding beschäftigt, ruhig und heiter oder aufgebracht und verstimmt sein. Doch bleibt (pathologische Fälle abgerechnet) genug Beständiges übrig, um das Ich als dasselbe anzuerkennen. Allerdings ist auch das Ich nur von *relativer* Beständigkeit. Die scheinbare Beständigkeit des Ich besteht vorzüglich nur in der *Kontinuität*, in der langsamen Änderung. Die vielen Gedanken und Pläne von gestern, welche heute fortgesetzt werden, an welche die Umgebung im Wachen fortwährend erinnert (daher das Ich im Traume sehr verschwommen, verdoppelt sein, oder ganz fehlen kann), die kleinen Gewohnheiten, die sich unbewusst und unwillkürlich längere Zeit erhalten, machen den Grundstock des Ich aus. Größere Verschiedenheiten im Ich verschiedener Menschen, als im Laufe der Jahre in *einem* Menschen eintreten, kann es kaum geben. Wenn ich mich heute meiner frühen Jugend erinnere, so müsste ich den Knaben (einzelne Punkte abgerechnet) für einen anderen halten, wenn nicht die Kette der Erinnerung vorläge. (...)

Das Ich ist so wenig beständig als die Körper. Was wir am Tode so sehr fürchten, die Vernichtung der Beständigkeit, das tritt im Leben schon in reichlichem Maße ein.

Aus: Ernst Mach, *Die Analyse der Empfindungen und das Verhältnis des Physischen zum Psychischen*, Gustav Fischer, Jena 1930, S. 1 ff.

Aufgabenstellung:

1. Analysieren Sie den Text „Analyse der Empfindungen" von Ernst Mach.
2. Beziehen Sie den Text von Mach auf die „Traumnovelle" und setzen Sie sich am Beispiel der Figur Fridolins mit der Frage auseinander, ob die „Traumnovelle" als literarischer Beleg der Theorie von Mach gelten kann.

1. Erstes Überfliegen des Textes – Aufgabenstellung erfassen	→	2.	→	3.	→	4.	→	5.	→	6.

Überfliegen Sie den Text „Analyse der Empfindungen" von Ernst Mach und notieren Sie erste Informationen und Fragen, z. B.

Wer	►	Zentralfigur
spricht	►	Darstellungsform
in welcher Situation	►	Ort, Zeit, Handlung
worüber wozu	►	Themen

Formulieren Sie anschließend eine oder mehrere Verstehenshypothesen zum (oder auch Fragen an) den Text.

Zentrale These: das Ich als etwas relativ(!) Beständiges, das nur in der Kontinuität besteht
Intention: Verständnis des eigenen Ich fördern, auf die Unumgänglichkeit von Veränderungen aufmerksam machen
Argumentation: Vergleich des Ich mit physischen Körpern, die dauernden Änderungen unterworfen sind

Lesen Sie nun die **Aufgabenstellung** genau. Achten Sie auf die Arbeitsanweisung und die Operatoren. Was wird von Ihnen erwartet?

Die erste Teilaufgabe verlangt die Analyse eines Sachtextes. Dazu gehört, den Text unter sinnvollen Aspekten zu analysieren wie Argumentation, Sprachstil und Kontext.

Die zweite Teilaufgabe erfordert eine Erörterung mit Stellungnahme von Ihnen. Sie sollen die Figur des Fridolin (seinen Charakter, sein Verhalten, seine Wahrnehmungen, Stimmungen usw.) darstellen und am Text belegen sowie Argumente finden für bzw. gegen für die Annahme, die „Traumnovelle" sei ein literarischer Beleg von Machs These.

1.	→	2. Text aspektorientiert erschließen	→	3.	→	4.	→	5.	→	6.

Teilschritt: Inhalt sichern

Lesen Sie den Text zwei- bis dreimal sorgfältig durch. Sie können zusätzlich auch:

- eine Abschnittsgliederung des Textes vornehmen und die Abschnitte mit Überschriften versehen
- Schlüsselwörter im Text unterstreichen
- Randnotizen machen

Versuchen Sie dann, den Text in Sinnabschnitte zu gliedern und den Inhalt kurz zusammenzufassen.

- Z.1-Z.21: zunächst Beschreibung dessen, was „Körper" sind und welchen Veränderungen sie unterworfen sind
- Z.22-Z.31: Ausweitung des Festgestellten auf das Ich: …
- Z.31-Z.34: Verschiedenheit des Ich im Laufe eines Lebens und Vergleich mit anderen Ichs
- Z.35f.: Furcht vor dem Tod aufgrund der Vernichtung der Beständigkeit

Teilschritt: Zentrale Thesen des Textes erfassen

Wenn Sie den Inhalt des Textes in einem ersten Durchgang erfasst haben, ermitteln Sie die wichtigsten Thesen des Textes. Thesen erkennen Sie gut an ihrem Behauptungscharakter.

1. sinnlich wahrnehmbare Welt ist an Gefühle, Stimmungen usw. gebunden
2. innerhalb dieser Wahrnehmungsvielfalt existieren räumlich und zeitlich verknüpfte Komplexe, die als „Körper" bezeichnet werden und Namen erhalten
3. wie die „Körper" ist auch der an den Körper (Leib) gebundene Komplex von Erinnerungen und Gefühlen, der „Ich" genannt wird, relativ beständig
4. das „Ich" scheint beständig, weil es sich nur langsam verändert

Prüfen Sie die Aufstellung auf Vollständigkeit.

Teilschritt: Argumentationsweise des Textes untersuchen

Versuchen Sie nun, die innere Logik des Textes nachzuvollziehen. Welche Argumente werden vorgetragen? Wie wird argumentiert? Werden die Argumente mit Beispielen belegt?

Beschreiben Sie die Argumentationsweise des Textes.

- analoges Argumentieren: für das an den Leib (einen „Körper") gebundene Ich gilt dasselbe wie für Körper
- Beleg der Argumentation durch Beispiele (Tisch, Freund) und die Sprache (nicht alles sinnlich Wahrnehmbare erhält einen Namen)

Teilschritt: Sprachliche Gestaltung untersuchen

Sprachliche und rhetorische Mittel werden gezielt eingesetzt, um den Inhalt anschaulich und ausdrucksvoll zu gestalten. Häufig gibt es Schlüsselwörter im Text, die wiederholt werden.

Beschreiben Sie die Sprache des Textes.

- zentrale, sinntragende Begriffe sind: „Beständigkeit" bzw. „Unbeständigkeit", „relativ" sowie „Komplexe" und „Körper"
- Sprache insgesamt leicht verständlich (einige wenige problematische Begriffe: „Ökonomie des Vorstellens", „Kontinuität"); überwiegend einfacher Satzbau

Teilschritt: Textüberschreitende Aspekte einbeziehen

Über die Aspekte hinaus, die Sie unmittelbar am Text erarbeiten können, sollten Sie weitere Erschließungsaspekte berücksichtigen. Was wissen Sie über den Autor? Was über die Entstehungszeit des Textes?

- Text ist 1886 erschienen, d.h. am Ende der Epoche des Realismus (der die empirisch erfassbare Wirklichkeit in den Mittelpunkt der Dichtung rückte): offenbar ein Gegenkonzept zum Realismus bzw. Empirismus
- ohne konkreten Bezug zur Literatur (auch relevant für die anderen Künste bzw. die Kultur überhaupt)

1. → 2. → **3. Erörterung vorbereiten** → 4. → 5. → 6.

Teilschritt: Die Figur Fridolin untersuchen

Zur Lösung der 2. Teilaufgabe sollten Sie zunächst Gesichtspunkte sammeln, die die Figur Fridolins charakterisieren (mit Textbelegen bzw. -verweisen), und diese stichwortartig festhalten.

- Fridolin als verheirateter, gut situierter Arzt und Vater einer Tochter
- dabei schwankt seine Selbstwahrnehmung: z.B. sieht er sich als treuer Ehemann, betrügt aber seine Frau Albertine nur deshalb nicht, weil dazu „mehr Muße gehört, als ihm vergönnt war" (S.18); z.B. ist er eher feig (s. seine Reaktion auf die Beleidigung durch den Studenten, S.19), gesteht sich dies aber nicht ein; …
- auch seine Wahrnehmung der Umwelt schwankt, z.B. die Beschreibung der Villa, in der in der vergangenen Nacht die geheime Gesellschaft stattfand (vgl. S.62); …

Teilschritt: Die Figur Fridolin im Handlungszusammenhang der „Traumnovelle" untersuchen

Machen Sie sich anschließend klar, wie Ihre Befunde über die Figur Fridolins vor dem Hintergrund der ganzen Novelle (Thema, Motive, Erzähltechnik, Sprache) zu bewerten sind.

- Novelle zeigt Fridolin (und Albertine) in einer (Ehe-)Krise, was schwankende Gefühle, Stimmungen usw. begünstigt
- zentrale Motive der Novelle verschleiern die objektive Wahrnehmung: Motive des Traums, der Maske und des Todes
- Fridolin charakterisiert sich überwiegend in Form der erlebten Rede (sowie gelegentlich des inneren Monologs), d.h. in Formen der Rede- bzw. Gedankenwiedergabe, die nicht durch einen Erzähler „bereinigt" wurden

Beziehen Sie nun Ihre Untersuchungsergebnisse zur „Traumnovelle" auf den Text von Ernst Mach. Welche Ergebnisse sind für den Bezug auf den Mach-Text relevant? Ordnen und gewichten Sie Ihre Ergebnisse.

Teilschritt: Thesen zur Textdeutung formulieren

Überprüfen Sie Ihre bisherigen Untersuchungsergebnisse. Korrigieren bzw. modifizieren Sie gegebenenfalls Ihr Verständnis. Formulieren Sie dann klare Thesen zur Textdeutung.

- Ernst Mach postuliert die Unbeständigkeit aller Dinge, deren Wahrnehmung u.a. von den Stimmungen, Gefühlen usw. der Betrachter abhänge. Diese Unbeständigkeit gelte auch für das „Ich".
- Machs Arbeit kann – ohne expliziten Bezug auf die Kunst oder die Literatur – als Gegenentwurf zum Realismus bzw. Naturalismus verstanden werden, der gerade die empirische (objektive) Erfassbarkeit der Wirklichkeit voraussetzt.
- Die „Traumnovelle" kann als Beispiel des literarischen Impressionismus gelten, der im Gegensatz dazu das Subjektiv-Sinnliche in den Vordergrund stellt und Augenblicksempfindungen sowie flüchtige Seelenzustände beschreiben will.
- Die Figur Fridolin passt völlig in dieses Konzept, indem bei ihr das Flüchtige, Wechselhafte betont wird und sich das Beständige (Ehe, Beruf) verflüchtigt oder doch in Frage gestellt wird.

1. → 2. → 3. → **4. Gliederung erstellen** → 5. → 6.

Beginnen Sie mit der schriftlichen Ausarbeitung erst, nachdem Sie eine Gliederung (bzw. ggf. einen Schreibplan) erstellt haben, an der Sie sich während des Schreibens orientieren können. Beachten Sie, dass die in sich stimmige und schlüssige Darstellung und Abfolge Ihrer Untersuchungsergebnisse und Argumente bei der Bewertung eine wichtige Rolle spielen.

Ordnen Sie Ihre Untersuchungsergebnisse, mit denen Sie Ihre leitende(n) These(n) stützen wollen, in einer übersichtlichen Gliederung an.
Halten Sie sich, wenn die Aufgabenstellung nichts anderes vorsieht, an die bewährte Aufteilung in Einleitung, Hauptteil und Schluss. Beachten Sie, dass sich aus der Aufgabenstellung und den Aspekten der Textuntersuchung oft schon eine bestimmte Abfolge in der Gliederung ergeben kann.

Einleitung:
- Präsentation des Textes (Titel, Textsorte, Verfasser, Entstehungszeit bzw. Veröffentlichungsjahr, Thema)
- Formulieren der zentralen These des Textes (und/oder der leitenden Intention)
- Deutungsthese

Hauptteil:
1. Teilaufgabe
   a) Inhaltszusammenfassung des Textes
   b) Beschreibung der Argumentation sowie der Sprache des Textes
   c) Einordnung des Textes in den literaturgeschichtlichen Kontext

2. Teilaufgabe
   a) Charakterisierung von Fridolin
   b) Thema, zentrale Motive sowie Erzähltechnik der „Traumnovelle"
   c) Bezug der Untersuchungsergebnisse zur „Traumnovelle" auf die Arbeit Machs

Schluss:
Ergebniszusammenfassung (vgl. Einleitung); persönliche Bewertung der Position Machs und der „Traumnovelle"

Überprüfen Sie noch einmal Ihre Gliederung auf ihre Stimmigkeit und Folgerichtigkeit.
Korrigieren bzw. ergänzen Sie gegebenenfalls Ihre Gliederung.

Hinweise zur Gestaltung der Einleitung

Eine Einleitung sollte in der Regel die in der Gliederung genannten Informationen enthalten.
Falls Sie – wie viele andere auch – „Angst vor dem weißen Blatt" haben, prägen Sie sich am besten eine Standardformulierung ein (z. B. „In der 19… entstandenen/veröffentlichten Novelle/ Kurzgeschichte … schildert/behauptet der …, wie/dass …").
Achten Sie darauf, dass sich zwischen der Einleitung und dem Schluss ein „roter Faden" spannt.

Hinweise zur Gestaltung der Textübergänge

Auch wenn die Teilaufgaben in sich geschlossen sind, sollten Sie ein schematisches Abarbeiten der Gliederungspunkte vermeiden und flüssige Übergänge zwischen den Klausurteilen gestalten:
- Sie leiten aus Ihrer bisherigen Darstellung Fragen ab (z. B. „Aus dem Gesagten ergibt sich die Frage, wie/ob …"), die Sie dann im Folgenden aufgreifen bzw. beantworten.

- Sie greifen wichtige Inhalte und/oder Begriffe im nachfolgenden Klausurteil wieder auf und beleuchten diese in einem anderen (übergeordneten) Zusammenhang (z. B. „Um die Beständigkeit des Ich geht es letztlich auch in Schnitzlers ‚Traumnovelle'.", „Auch in der Figur Fridolin wird deutlich, wie/dass …").

Hinweise zur Gestaltung des Schlusses

Der Schluss Ihrer Arbeit ist nicht weniger wichtig als die Einleitung, weil Sie mit den letzten Sätzen unter Umständen einen nachhaltigen Eindruck auf Ihren Leser hinterlassen. So können Sie einen prägnanten Schluss gestalten:

- Sie resümieren Ihre Analyse, heben das bzw. die für Sie wichtigsten Ergebnisse hervor.
- Wenn Sie im ersten Teil (in der Einleitung bzw. zu Beginn des Hauptteils) mit einer Deutungsthese gearbeitet haben, so greifen Sie jetzt darauf zurück und überprüfen diese. Entweder bestätigen, widerlegen oder variieren Sie sie (jeweils mit Begründung).
- Sie entwickeln ein Urteil – sei es zum Inhalt, der Argumentation oder zur ästhetischen Gestalt der Texte. Das sollten Sie aber nur dann tun, wenn Sie dieses Urteil auch gut begründen können.
- Sie fragen nach der Bedeutung der Texte für Sie selbst oder die Gegenwart (ein bloßes Beteuern, dass ein Text „immer noch aktuell" sei, reicht hier allerdings nicht aus).

1. → 2. → 3. → 4. → **5. Klausur schreiben** → 6.

Schreiben Sie nun den Aufsatz. Nutzen Sie dazu Ihre Gliederung sowie Ihre übrigen Vorarbeiten.

Einleitung:
In seiner 1886 entstandenen Arbeit „Analyse der Empfindungen" thematisiert Ernst Mach die Frage nach der Beständigkeit der Dinge und behauptet, dass diese relativ sei und in der Wahrnehmung von den Stimmungen, Gefühlen usw. der Betrachter abhänge. Diese Unbeständigkeit gelte auch für das „Ich", das als ein „an einen besonderen Körper (den Leib) gebundene(r) Komplex von Erinnerungen, Gefühlen" bestimmt wird. Mach liefert damit eine theoretische Beschreibung des Konzeptes des literarischen Impressionismus, der der objektiven Weltbeschreibung des Naturalismus eine subjektiv-sinnliche entgegensetzt. Dies zeigt sich sehr gut in Arthur Schnitzlers „Traumnovelle".

Hauptteil:
1. Teilaufgabe
a) Dass auch das Ich nur unbeständig ist, leitet Mach aus der relativen Unbeständigkeit der „Körper" ab. Nach Mach besteht die Welt aus Farben, Tönen, Drücken, Räumen usw., die „in mannigfaltiger Weise miteinander verknüpft sind" und aus denen sich relativ beständige, feste Einheiten herausbilden, die wir „Körper" nennen und mit bestimmten Namen belegen. Mach illustriert dies am Beispiel seines Arbeitstisches, der vielfältigen Änderungen unterworfen ist (zum Beispiel kann er einen Tintenfleck bekommen oder wärmer oder kälter sein) und auch unterschiedlich wahrgenommen werden kann (etwa bei hellem und dunklem Licht). Auf diese Weise ist der Tisch jeweils etwas anderes, wird aber gleichwohl als der Tisch wahrgenommen und bezeichnet. Eben dieser Unbeständigkeit sei auch das Ich unterworfen.
b) Das Beispiel des Tisches ist nicht nur sehr anschaulich, sondern auch unmittelbar einleuchtend: Alle Dinge der Welt sind Veränderungen unterworfen, allein schon deshalb, weil sie älter werden und schließlich vergehen. Über das Beispiel des Tisches kommt Mach zum Beispiel seines Freundes, also eines Menschen, für den

dasselbe gelte: Auch er kann, und dies sogar von einem Augenblick zum anderen, sich verändern, etwa durch eine Laune, die seinen Gesichtsausdruck verändert. In Analogie zu diesen körperlichen „Dingen" schließt Mach nun, dass das an den Leib gebundene Ich nur einen stetigen Veränderungen unterworfenen Komplex darstelle. Dass wir trotz aller Veränderung und stetigem Wandel die Dinge, die Menschen und das Ich als beständig wahrnehmen, liegt nach Mach in der „teils instinktiven, teils willkürlichen und bewussten Ökonomie des Vorstellens und der Bezeichnung, welche sich in dem gewöhnlichen Denken und Sprechen äußert": „Was auf einmal vorgestellt wird, erhält eine Bezeichnung, einen Namen." Auch die Unbeständigkeit des Ich illustriert Mach dabei an einem Beispiel. Wenn er sich heute seiner Jugend erinnere, müsse er sich für einen anderen halten, „wenn nicht die Kette der Erinnerung vorläge".

Machs Arbeit ist leicht verständlich und durch die Beispiele zum Teil sogar recht bildhaft-anschaulich; insbesondere verzichtet er auf die Verwendung philosophischer Fachtermini sowie übermäßig komplexer Sätze. Die Argumentation Machs ist folgerichtig und stimmig, sofern man seine Definition des Ich akzeptiert.

c) Mach beschäftigt sich nicht eingehender mit der Definition des Ich bzw. begründet diese (man könnte etwa fragen, ob nicht auch der Charakter, das Gemüt oder die „unsterbliche" Seele zum Ich eines Menschen gehören). Das lässt darauf schließen, dass Machs Arbeit vor allem aus dem Zeitkontext heraus zu verstehen ist. Ohne dass sich Mach auf die Kunst im Allgemeinen oder gar auf die Literatur im Besonderen bezieht, wird doch deutlich, dass Mach gegen die Kunstauffassung seiner Zeit argumentiert, indem der Wirklichkeit gerade ihre Beständigkeit und Objektivität abgesprochen wird. Und, so wäre zu ergänzen, sie deshalb auch nicht länger Gegenstand der Kunst sein sollte.

2. Teilaufgabe

a) Dass es die beständige Wirklichkeit und das beständige Ich möglicherweise nicht gibt, zeigt sich gut in der 1926 in Buchform erschienen „Traumnovelle" des Wiener Schriftstellers Arthur Schnitzler und hier wiederum gut am Beispiel der Hauptfigur der Novelle, Fridolin.

Fridolin ist 35 Jahre alt, von Beruf Arzt, verheiratet, gemeinsam mit seiner Frau Albertine hat er eine sechsjährige Tochter. Sein Leben scheint bestens geordnet und organisiert, bis sein Selbstbild durch das Geständnis seiner Frau Albertine, sie sei in ihrem gemeinsamen Dänemark-Urlaub beinahe einer erotischen Versuchung erlegen, ins Wanken gerät und den Auftakt zu zwei ereignisreichen und turbulenten, „traumhaften" Nächten bildet.

Dabei wird zunächst deutlich, dass Fridolins Wesen keineswegs so gefestigt ist, wie es zunächst den Anschein hat, bzw. dass es facettenreicher, tiefschichtiger ist. Dies ließe sich an vielen Aspekten nachweisen und soll hier nur an zwei Beispielen verdeutlicht werden: Fridolin selbst sieht sich etwa als der „tüchtige, verlässliche, zukunftsreiche Arzt" (S.65), der er aber nicht ist: Für die Leitung einer Abteilung in der Poliklinik wird er nie in Betracht kommen, „schon weil mir die Dozentur fehlt" (S.60) und er nicht den Ehrgeiz hat, diese nachzuholen, was Albertine auch durchschaut (vgl. S.64). Auch ist er etwa kein „braver Gatte und Familienvater", sondern Albertine bisher wohl nur deshalb treu gewesen, weil zu Liebschaften „mehr Muße gehört, als ihm vergönnt war" (S.18).

Betreffen diese beiden Beispiele noch das äußere Leben Fridolins, seinen Beruf und seine Ehe, so macht etwa seine Reaktion auf die Beleidigung durch den Studenten und die doppelte Frage an sich selbst: „Feig?" (S.19) deutlich, dass er auch seine charakterlichen Eigenschaften nicht immer richtig einschätzt bzw. sich selbst etwas vorzumachen versucht.

Schwankungen unterworfen sind auch seine Stimmungen und seine Wahrnehmungen der Umwelt. Auch dies ließe sich wieder vielfach belegen und sei wieder nur mit zwei Beispielen verdeutlicht: Bezeichnend für seine schwankenden Stimmungen, die letzt-

lich alle nächtlichen Stationen seines Abenteuers kennzeichnen, ist etwa, dass er zwar nach dem Maskenverleiher Gibiser sucht, aber „im Stillen (hoffte)", dass er ihn nicht finden werde (S. 31). Charakteristisch für seine schwankende Wahrnehmung ist etwa die Einschätzung des Weges, der zur Villa, in der die geheime Gesellschaft stattfand, führt. Dieser scheint ihm am Tage „keineswegs so steil, als es ihn nachts im Fahren gedünkt hatte" (S. 62).
Insgesamt erscheint Fridolin also gerade nicht als fester Charakter; dabei macht besonders das zuletzt genannte Beispiel, die Wahrnehmung des Weges zur Villa, deutlich, dass dies keineswegs eine Schwäche Fridolins sein muss. Mit Mach müsste man sagen, dass der Weg zur Villa nachts eben ein anderer ist als tagsüber und überhaupt die Wahrnehmung dieses Weges auch von der augenblicklichen Stimmung beeinflusst ist.
b) Dass wir Fridolin als nicht gefestigten Charakter vorgestellt bekommen, liegt auch am Thema der „Traumnovelle": Fridolin und Albertine durchleben eine Ehekrise, was natürlich schwankende Gefühle, Stimmungen usw. begünstigt. Hinzu kommt zum einen, dass sich Fridolin überwiegend in Form der erlebten Rede (bzw. gelegentlich des inneren Monologs) charakterisiert, d.h. in Formen der Rede- bzw. Gedankenwiedergabe, die augenblickliche Stimmungen und Eindrücke besonders gut widerspiegeln. Zum anderen kommt hinzu, dass die zentralen Motive des Traums (Mach schreibt hier: „daher das Ich im Traume sehr verschwommen, verdoppelt sein, oder ganz fehlen kann") und der Maske, die naturgemäß der Verschleierung der Identität dient, die Wahrnehmung erschwert. Deutlich wird dies unter anderem an der Unmöglichkeit, die schöne Unbekannte zu identifizieren. Fridolin vermag nicht zu sagen, „ob die Frau, die nun da drin in der Totenkammer lag, dieselbe war, die er vor vierundzwanzig Stunden zu den wilden Klängen von Nachtigalls Klavierspiel nackt in den Armen gehalten, oder ob diese Tote irgendeine andere, eine Unbekannte, eine ganz Fremde war, der er niemals vorher begegnet" (S. 79).
c) Das Zitat findet eine Fortsetzung von symbolischer Bedeutung, die unmittelbar auf die Arbeit Machs verweist: „... was da hinter ihm lag in der gewölbten Halle, im Scheine von flackernden Gasflammen, ein Schatten unter anderen Schatten, dunkel, sinn- und geheimnislos wie sie – ihm bedeutete es, ihm konnte es nichts anderes mehr bedeuten als, zu unwiderruflicher Verwesung bestimmt, den bleichen Leichnam der vergangen Nacht." (ebd.) Für Fridolin wird, mit anderen Worten, deutlich, dass seine Erlebnisse der vergangenen Nacht unwiderruflich beendet, zum „Leichnam" geworden sind. Er erlebt also hier am Beispiel einer Toten die „Vernichtung der Beständigkeit", die wir nach Mach „am Tode so sehr fürchten", die aber „im Leben schon im reichlichen Maße (eintritt)".
Auch wenn für Fridolin dieser „Leichnam der vergangenen Nacht" die Voraussetzung dafür ist, dass er wieder mit Albertine zusammenfindet und sein Leben in der gewohnten Ordnung fortsetzt, so steht der „Leichnam" doch symbolisch für die Unbeständigkeit der Dinge, Gefühle usw., was dann Albertine am Ende formuliert: „... ich ahne, dass die Wirklichkeit einer Nacht, ja, dass nicht einmal die eines ganzen Menschenlebens zugleich auch seine innerste Wahrheit bedeutet." (S. 81).
Die „Traumnovelle" schildert also nicht nur, wie am Beispiel des Weges zur Villa gezeigt, in vielen Details die Abhängigkeit der Wahrnehmung von Gefühlen und Stimmungen sowie die Unbeständigkeit bzw. dauernde Veränderung der Dinge, sondern macht an zentraler Stelle deutlich, dass die Wirklichkeit nur ein Konstrukt ist, das sich als „das relativ Festere und Beständigere" (Mach) in das Gedächtnis einprägt, aber keineswegs absolute Beständigkeit beanspruchen darf.

Schluss:
Die „Traumnovelle" wird der Epoche des literarischen Impressionismus zugerechnet, der im Gegensatz zum Naturalismus gerade das Subjektiv-Sinnliche in den Vordergrund stellt und Stimmungen, Augenblicksempfindungen sowie einmalige und flüchtige Seelenzustände beschreiben will. Die Figur Fridolin in der „Traumnovelle" passt

völlig in dieses Konzept, indem bei ihr das Flüchtige, Wechselhafte betont wird und sich das Beständige (Ehe, Beruf, „objektive" Wahrnehmung) verflüchtigt oder doch in Frage gestellt wird. Die Figur Fridolin könnte somit geradezu als weiteres Beispiel in die Argumentation Machs einfließen.
Mich persönlich hat der Text von Ernst Mach sehr angesprochen. Auch wenn ich glaube, dass das Ich eines Menschen letztlich mehr als ein „Komplex von Erinnerung, Gefühlen" ist, relativiert die Arbeit Machs doch die Objektivität der Wirklichkeit, von der unsere heutige wissenschafts- und faktengläubige Welt so sicher überzeugt ist.
Nicht überzeugt hat mich dagegen die „Traumnovelle" Schnitzlers. Bei der ersten Lektüre ist der Text zwar sehr spannend zu lesen; auch ist er mit seinem dichten Motivgeflecht sicher sehr gut komponiert und sicher auch literarisch wertvoll. An vielen Stellen ist mir die Figur Fridolin aber psychologisch nicht glaubhaft genug gestaltet. Ich kann so zum Beispiel nicht nachvollziehen, wieso ein so harmloses Geständnis wie das von Albertine bei Fridolin zu einer so tiefen Beziehungskrise führt, ich verstehe nicht, wieso ein Mann zu einer Prostituierten geht, wenn er ihre Dienste nicht in Anspruch nehmen möchte. Mir ist also Fridolin in seinen Stimmungen und Gefühlen etwas zu schwankend, was aber letztlich nur wieder belegt, dass die „Traumnovelle" und der literarische Impressionismus für das Augenblickliche und Subjektive stehen.

1. → 2. → 3. → 4. → 5. → **6. Klausur überarbeiten**

Teilen Sie sich Ihre Zeit so ein, dass Sie Ihre Klausur am Schluss noch einmal gründlich überarbeiten können. Sie können dabei die nachfolgende Checkliste zugrunde legen. Bedenken Sie dabei, dass die Darstellungsleistung mit ca. 25 % in die Bewertung eingeht.

Überprüfung des Inhalts

- Entspricht der Inhalt des Klausurtextes genau der Aufgabenstellung und ggf. den Teilaufgaben?
- Sind die Operatoren richtig erfasst und umgesetzt?
- Ist der Klausurtext sachlich korrekt (Zitate; richtiger Gebrauch von Fachtermini; Überprüfung der genannten Autoren, Jahreszahlen usw.)?

Überprüfung der Plausibilität (Stimmigkeit)

- Wird eine klare These formuliert und begründet (bzw. belegt)?
- Belegen die Argumente die These? Stützen die Beispiele/Belege/Zitate die Thesen?
- Wird die Deutung durch die Einbeziehung von Kontexten (Biografie des Autors, der Epoche, der Zeitgeschichte usw.) vernetzt?
- Stimmt die Gesamtdeutung mit den Einzelbeobachtungen überein?

Überprüfung der Stringenz (Folgerichtigkeit)

- Ist die Gliederung stimmig? Wird sie eingehalten?
- Ist der Text aus sich heraus verständlich?
- Gibt es einen roten Faden?
- Sind die Ergebnisse sinnvoll miteinander verknüpft?

Überprüfung der Sprache bzw. der äußeren Form

- Ist die Wortwahl präzise? Werden an passender Stelle Fachtermini verwendet?
- Wird eine einheitliche, sachlich-analytische Stilebene eingehalten oder gibt es Stilbrüche?
- Ist der Satzbau grammatisch korrekt und sind die grammatischen Bezüge eindeutig?

Musterklausur 2

Arthur Schnitzler: Traumnovelle (Auszug)

Er überquerte den Rathausplatz, der trüb erglänzte wie ein bräunlicher Teich, und wandte sich dem heimatlichen Josefstädter Bezirk zu. Von weitem hörte er dumpfe, regelmäßige Schritte und sah, noch ziemlich entfernt, eben um eine Straßenecke biegend, einen kleinen Trupp von Couleurstudenten[1], die, sechs oder acht an der Zahl, ihm entgegenkamen. Als die jungen Leute in den Schein einer Laterne gerieten, glaubte er die blauen Alemannen in ihnen zu erkennen. Er selbst hatte nie einer Verbindung angehört, aber seinerzeit ein paar Säbelmensuren[2] ausgefochten. (...) Die Studenten waren ganz nahe, sie redeten laut und lachten; – ob er nicht einen oder den anderen aus dem Spitale kennen mochte? Doch bei der unsicheren Beleuchtung war es nicht möglich, die Physiognomien[3] deutlich aufzunehmen. Er musste sich ganz nahe an die Mauer halten, um nicht mit ihnen zusammenzustoßen – jetzt waren sie vorbei; nur der zuletzt ging, ein langer Kerl im offnen Winterrock, eine Binde über dem linken Auge, schien geradezu absichtlich ein Stückchen zurückzubleiben und stieß mit seitlich abgestrecktem Ellbogen an ihn an. Es konnte kein Zufall sein. Was fällt dem Kerl ein, dachte Fridolin und blieb unwillkürlich stehen; der andere nach zwei Schritten tat desgleichen, und so sahen sie einander einen Moment lang aus mäßiger Entfernung in die Augen. Plötzlich aber wandte Fridolin sich wieder ab und ging weiter. Er hörte ein kurzes Lachen hinter sich – fast hätte er sich nochmals umgewandt, um den Burschen zu stellen, aber er verspürte ein sonderbares Herzklopfen – ganz wie einmal vor zwölf oder vierzehn Jahren, als es so heftig an seine Tür gepocht hatte, während das anmutige junge Ding bei ihm war, das immer von einem entfernt lebenden, wahrscheinlich gar nicht existierenden Bräutigam zu faseln liebte; es war auch tatsächlich nur der Briefträger gewesen, der so drohend gepocht hatte. – Und geradeso wie damals fühlte er jetzt sein Herz klopfen. Was ist das, fragte er sich ärgerlich und merkte nun, dass ihm die Knie ein wenig zitterten. Feig? Unsinn, erwiderte er sich selbst. Soll ich mich mit einem betrunkenen Studenten herstellen[4], ich, ein Mann von fünfunddreißig Jahren, praktischer Arzt, verheiratet, Vater eines Kindes! – Kontrahage[5]! Zeugen! Duell! Und am Ende wegen einer solchen dummen Rempelei einen Hieb in den Arm? Und für ein paar Wochen berufsunfähig? – Oder ein Auge heraus? – Oder gar Blutvergiftung? – (...) Feig? Drei Säbelmensuren hatte er ausgefochten, und auch zu einem Pistolenduell war er einmal bereit gewesen, und nicht auf seine Veranlassung war die Sache damals gütlich beigelegt worden. Und sein Beruf! Gefahren von allen Seiten und in jedem Augenblick – man vergaß nur immer wieder dran. Wie lange war es her, dass das diphtheritiskranke Kind ihm ins Gesicht gehustet hatte? Drei oder vier Tage, nicht mehr. Das war immerhin eine bedenklichere Sache als so eine kleine Säbelfechterei. Und er hatte überhaupt nicht mehr daran gedacht. Nun, wenn er dem Kerl wieder begegnete, ließ sich die Angelegenheit immer noch ins Reine bringen. Keineswegs war er verpflichtet, um Mitternacht auf dem Weg von einem Kranken oder auch zu einem Kranken, das hätte ja schließlich auch der Fall sein können – nein, er war nicht wirklich verpflichtet, auf solch eine alberne Studentenrempelei zu reagieren. Wenn jetzt zum Exempel der junge Däne ihm entgegenkäme, mit dem Albertine – ach nein, was fiel ihm denn nur ein? Nun – es war ja doch nicht anders, als wenn sie seine Geliebte gewesen wäre. Schlimmer noch. Ja, der sollte ihm jetzt entgegenkommen. Oh, eine wahre Wonne wäre es, dem irgendwo in einer Waldlichtung gegenüberzustehen und auf die Stirn mit dem glattgestrichenen Blondhaar den Lauf einer Pistole zu richten. (...)

Aus: Arthur Schnitzler, *Traumnovelle*, Editionen für den Literaturunterricht, Ernst Klett Verlag, Stuttgart/Leipzig 2005, S. 18 ff.

Worterklärungen: 1 Mitglieder einer farbentragenden Studentenverbindung (Farben in Band, Mütze usw.); 2 Zweikampf mit blanker Waffe; 3 Erscheinungsbild, Gesichtszüge; 4 duellieren; 5 Verabredung zum Zweikampf, Duell

Arthur Schnitzler: Leutnant Gustl (Auszug)

„Sie, halten Sie das Maul!“ Das hätt’ ich nicht sagen sollen, ich war zu grob ... Na, jetzt ist’s schon g’scheh’n!

„Wie meinen?“

Jetzt dreht er sich um ... Den kenn’ ich ja! – Donnerwetter, das ist ja der Bäckermeister, der immer ins Kaffeehaus kommt ... Was macht denn der da? Hat sicher auch eine Tochter oder sowas bei der Singakademie ...Ja, was ist denn das? Ja, was macht er denn? Mir scheint gar ... ja, meiner Seel’, er hat den Griff von meinem Säbel in der Hand ... Ja, ist der Kerl verrückt? ... „Sie, Herr ...“

„Sie, Herr Leutnant, sein S’ jetzt ganz stad[1].“

Was sagt der da? Um Gottes willen, es hat’s doch keiner gehört? Nein, er red’t ganz leise ... Ja, warum lasst er denn meinen Säbel net aus? ... Herrgott noch einmal ... Ah, da heißt’s rabiat sein ... ich bring’ seine Hand nicht vom Griff weg ... nur keinen Skandal jetzt! ... Ist nicht am End’ der Major hinter mir? ... Bemerkt’s nur niemand, dass er den Griff von meinem Säbel hält? Er red’t ja zu mir! Was red’t der denn?

„Herr Leutnant, wenn Sie das geringste Aufsehen machen, so zieh’ ich den Säbel aus der Scheide, zerbrech’ ihn und schick’ die Stück’ an Ihr Regimentskommando. Versteh’ n Sie mich, Sie dummer Bub?“

Was hat er g’sagt? Mir scheint, ich träum’! Red’t er wirklich zu mir? Ich sollt’ was antworten ... Aber der Kerl macht ja Ernst, der zieht wirklich den Säbel heraus, Herrgott – er tut’s! ... Ich spür’s, er reißt schon d’ran! Was red’t er denn? ... Um Gottes willen, nur kein’ Skandal – Was red’t er denn noch immer?

„Aber ich will Ihnen die Karriere nicht verderben ... Also, schön brav sein! ... So, hab’n S’ keine Angst, ’s hat niemand was gehört ... es ist schon alles gut ... so! Und damit keiner glaubt, dass wir uns gestritten haben, werd’ ich jetzt sehr freundlich mit Ihnen sein! – Habe die Ehre, Herr Leutnant, hat mich sehr gefreut – habe die Ehre!“

Um Gottes willen, hab’ ich geträumt? ... Hat er das wirklich gesagt? ... Wo ist er denn? ... Da geht er ... Ich müsst’ ja den Säbel ziehen und ihn zusammenhauen – Um Gottes willen, es hat’s doch niemand gehört? ... Nein, er hat ja nur ganz leise geredet, mir ins Ohr ... Warum geh’ ich denn nicht hin und hau’ ihm den Schädel auseinander? ... Nein, es geht ja nicht, es geht ja nicht ... gleich hätt’ ich’s tun müssen ... Warum hab’ ich’s denn nicht gleich getan? ... Ich hab’s ja nicht können ... er hat ja den Griff nicht auslassen[2], und er ist zehnmal stärker als ich ... Wenn ich noch ein Wort gesagt hätt’, hätt’ er mir wirklich den Säbel zerbrochen ... Ich muss ja noch froh sein, dass er nicht laut geredet hat! Wenn’s ein Mensch gehört hätt’, so müsst’ ich mich ja stante pede[3] erschießen ... Vielleicht ist es doch ein Traum gewesen ... Warum schaut mich denn der Herr dort an der Säule so an? – Hat er am End’ was gehört? ... Ich werd’ ihn fragen ... Fragen? – Ich bin ja verrückt! – Wie schau’ ich denn aus? – Merkt man mir was an? – Ich muss ganz blass sein. – Wo ist der Hund? ... Ich muss ihn umbringen! ... Fort ist er ... Überhaupt schon ganz leer ... Wo ist denn mein Mantel? ... Ich hab’ ihn ja schon angezogen ... Ich hab’s gar nicht gemerkt ... Wer hat mir denn geholfen? ... Ah, der da ... dem muss ich ein Sechserl[4] geben ... So! ... Aber was ist denn das? Ist es denn wirklich gescheh’n? Hat wirklich einer so zu mir geredet? Hat mir wirklich einer „dummer Bub“ gesagt? Und ich hab` ihn nicht auf der Stelle zusammengehauen? ... Aber ich hab’ ja nicht können ... er hat ja eine Faust gehabt wie Eisen ... ich bin ja dagestanden wie angenagelt ... Nein, ich muss den Verstand verloren gehabt haben, sonst hätt’ ich mit der anderen Hand ... Aber da hätt’ er ja meinen Säbel herausgezogen und zerbrochen, und aus wär’s gewesen – Alles wär’ aus gewesen! Und nachher, wie er fortgegangen ist, war’s zu spät ... ich hab’ ihm doch nicht den Säbel von hinten in den Leib rennen können ...

Aus: Arthur Schnitzler, *Leutnant Gustl*, Editionen für den Literaturunterricht, Ernst Klett Verlag, Stuttgart/Leipzig 2009, S. 10f.

Worterklärungen: 1 österr. umgangssprachlich für „ruhig, still“; 2 österr. für „loslassen“; 3 lat. für „stehenden Fußes, sofort“; 4 kleine Silbermünze im Wert von 6 Kreuzern (60 Kreuzer = 1 Gulden)

Aufgabenstellung:

1. Analysieren Sie den Auszug aus der „Traumnovelle" von Arthur Schnitzler.
2. Vergleichen Sie ihn mit dem Auszug aus der Novelle „Leutnant Gustl" von Arthur Schnitzler; berücksichtigen Sie hierbei die Erzähltechnik der beiden Texte.

1. Erstes Überfliegen des Textes – Aufgabenstellung erfassen → **2.** → **3.** → **4.** → **5.** → **6.**

Überfliegen Sie die Texte und versuchen Sie, sich einen ersten Eindruck zu verschaffen.

Wer	▶	Zentralfigur
spricht	▶	Darstellungsform
in welcher Situation	▶	Ort, Zeit, Handlung
worüber wozu	▶	Themen

Formulieren Sie anschließend eine oder mehrere Verstehenshypothesen zu den beiden Textausschnitten.

- **„Traumnovelle"**: Fridolin begegnet auf dem Weg nach Hause einer Gruppe Couleurstudenten, von denen einer Fridolin absichtlich im Vorbeigehen mit dem Ellbogen anrempelt; Fridolin ist verärgert und fragt sich, ob er den Studenten nicht zum Duell fordern solle …
- **„Leutnant Gustl"**: Zwischen Leutnant Gustl und einem Bäckermeister kommt es zum Streit; der Bäckermeister, der selbst von Gustl angefahren wurde, beleidigt ihn als „dummen Buben" und droht ihm leise, seinen Säbel, den er fest umklammert hält, zerbrochen an sein Regiment zurückzusenden, wenn sich Gustl nicht „ganz brav" verhält; anschließend verabschiedet er sich sehr freundlich; nun fragt sich Gustl, was ihm da eigentlich passiert ist …

Versuchen Sie, eine oder mehrere vergleichende Verstehenshypothesen zu den Texten zu formulieren.

- in beiden Texten geht es um eine Ehrverletzung und die möglichen Folgen
- beide Texte stammen vom selben Autor und sind dem literarischen Impressionismus zuzurechnen
- beide Texte sind dominiert von Figurenrede (erlebte Rede, wörtliche Rede, innerer Monolog)
- der Auszug aus „Leutnant Gustl" ist unmittelbar situationsbezogen, während der Auszug aus der „Traumnovelle" auch auf vergangene Geschehnisse verweist
- im Zentrum der Handlung stehen jeweils Männer; sie gehören als Arzt bzw. Offizier einer gehobenen Schicht an

Lesen Sie nun die Aufgabenstellung und achten Sie vor allem auf die Arbeitsanweisungen (Operatoren).

Die **erste Teilaufgabe** erfordert eine aspektorientierte Analyse des Auszugs aus der „Traumnovelle".

Auf der Grundlage dieser Analyse verlangt die **zweite Teilaufgabe** einen Vergleich zweier literarischer Werkausschnitte. Auch beim Vergleich soll eine detaillierte Textarbeit geleistet werden unter besonderer Berücksichtigung der Erzähltechnik der beiden Texte.

1. → **2. Text aspektorientiert erschließen** → 3. → 4. → 5. → 6.

Teilschritt: Inhalt sichern

Lesen Sie den Auszug aus der „Traumnovelle" zwei- bis dreimal sorgfältig durch.
Sie können zusätzlich auch:

- eine Abschnittsgliederung des Textes vornehmen und die Abschnitte mit Überschriften versehen
- Schlüsselwörter im Text unterstreichen
- Randnotizen machen

Setzen Sie die knappe Inhaltszusammenfassung unten fort.

- Fridolin wird auf dem Nachhauseweg von einem Couleurstudenten angerempelt; eigentlich müsste er diesen nun zum Duell fordern, doch Fridolin …

Teilschritt: Erzähltechnik untersuchen

Da der Textausschnitt von Figurenrede dominiert ist, liegt es nahe, mit diesem Untersuchungsaspekt zu beginnen.

Halten Sie Ihre wichtigsten Beobachtungen fest.

- Erzählform und -verhalten: personale Er-Erzählung; erlebte Rede einer Figur
- Darstellungsform: anfangs berichtend, dann durch die erlebte Rede szenisch
- Erzählhaltung: teilweise neutral, vor allem in der erlebten Rede auch mit leichter Ironie
- Formen der Redewiedergabe: erlebte Rede, an einigen Stellen auch wörtliche (direkte) Rede, die in einen inneren Monolog übergeht (vgl. „Unsinn, erwiderte er sich selbst. Soll ich mich mit einem betrunkenen Studenten herstellen …")
- Raumgestaltung: nur wenige Angaben zum Handlungsraum (der Rathausplatz „erglänzte (trüb) wie ein bräunlicher Teich")
- Zeitgestaltung: im berichtenden Teil zeitraffend, im szenischen Teil weitgehend zeitdeckend (mit drei kurzen Rückblenden: Fridolins Affäre mit einem verlobten Mädchen, Fridolins Begegnung mit dem diphtheritiskranken Kind, Albertines Begegnung mit dem jungen Dänen)

Teilschritt: Figurengestaltung untersuchen

Aus der Untersuchung der Erzähltechnik haben sich schon wichtige Hinweise für die Charakterisierung des Sprechenden ergeben.

- Fridolin beschreibt sich selbst als „ein Mann von fünfunddreißig Jahren, praktischer Arzt, verheiratet, Vater eines Kindes!"
- zeigt sich in diesem Abschnitt wenig willensstark und durchsetzungsfähig (er will „die Angelegenheit" ggf. später „ins Reine bringen")
- neigt zur Feigheit, die er sich selbst aber nicht eingestehen will (vgl. die doppelte Frage „Feig?")
- ist rachsüchtig und leicht zu kränken (es wäre ihm eine „wahre Wonne", sich mit dem jungen Dänen, den seine Frau Albertine begehrte, zu duellieren)

Teilschritt: Sprachliche Gestaltung untersuchen

Gibt es sprachliche Auffälligkeiten? Wie lässt sich die Sprache beschreiben?

- gehobener, zum Teil gestelzter Stil („Physiognomie", „zum Exempel" usw.)
- dialektal (österreichisch) gefärbt („– man vergaß nur immer wieder dran.")
- Rede Fridolins teilweise wie eine (Verteidigungs-)Rede: Inversionen („und nicht auf seine Veranlassung war die Sache damals gütlich beigelegt worden"), rhetorische Fragen („Feig?"), sich steigernde Aufzählungen („Und am Ende wegen einer solchen dummen Rempelei einen Hieb in den Arm? Und für ein paar Wochen berufsunfähig? – Oder ein Auge heraus? – Oder gar Blutvergiftung?"), ...
- insgesamt überwiegen längere, z.T. komplexe Sätze (an wenigen Stellen kontrastiert mit kurzen, elliptischen, z.B.: „Schlimmer noch.")
- wörtliche Rede nicht mit Anführungszeichen gekennzeichnet (z.B. „Was ist das, fragte er sich ärgerlich ..."), dadurch stellenweise fließende Übergänge zur erlebten Rede

Teilschritt: Textüberschreitende Erschließungsaspekte einbeziehen

Zur gründlichen Textanalyse gehören auch Aspekte, die über den Text hinausweisen, wie Kenntnisse über die damalige Zeit, Informationen über den Autor, Wissen über die literarische Epoche usw.

- kurze Einordnung in die Handlung der ganzen Novelle
- literaturgeschichtliche Einordnung: obwohl erst 1926 erschienen, zählt die Novelle noch zum literarischer Impressionismus
- Motiv des Duells: um 1900 ist das Duell (neben der Ehe) ein zentrales Motiv, das für die bürgerliche Wertewelt steht bzw. diese charakterisiert

1. → 2. → **3. Vergleich vorbereiten** → 4. → 5. → 6.

Teilschritt: Inhalt sichern

Um den Vergleich durchführen zu können, untersuchen Sie jetzt den Ausschnitt aus „Leutnant Gustl" auf gleiche Weise. Sie sollten Ihre Untersuchung aber schon stark fokussieren auf den Vergleich mit dem ersten Textauszug und Ihre Analyseergebnisse nach Möglichkeit stets auf das bereits Erarbeitete zurückbeziehen.

Analysieren Sie den Auszug aus „Leutnant Gustl". Fassen Sie auch hier zunächst den Inhalt kurz zusammen.

- Zwischen Leutnant Gustl und einem Bäckermeister kommt es zum Streit, in dessen Folge der Bäckermeister Gustl als „dummen Buben" bezeichnet und ihm androht, seinen Säbel ...
- (falls dieser Text im Unterricht gelesen wurde:) kurze Einordnung in die Handlung der ganzen Novelle: Die im Auszug dargestellte Szene bringt Gustl in eine ausweglose Lage: Der Bäckermeister ist nicht satisfaktionsfähig, kann also nicht zum Duell gefordert werden; eine sofortige Reaktion Gustls entsprechend des Offizierskodex hat der Bäckermeister dadurch verhindert, dass er den Säbel fest umklammert hielt, sodass für Gustl, obwohl der Vorfall an sich unbeobachtet blieb, nach dieser Ehrverletzung nur der Selbstmord bleibt. ...

Teilschritt: Erzähltechnik vergleichen

✎ Wie gleicht bzw. unterscheidet sich die Erzähltechnik in den beiden Textausschnitten?

- **„Traumnovelle"**: personale Er-Erzählung mit berichtenden und szenischen Passagen; ein großer Teil des Auszugs besteht aus Fridolins Gedanken (wörtliche Rede, erlebte Rede und innerer Monolog)
- **„Leutnant Gustl"**: besteht nur aus wörtlichen Reden und den inneren Monologen Gustls, d.h. ein Erzähler tritt nicht hervor, die Darstellungsform ist szenisch; der Handlungsraum wird nicht beschrieben (Hinweise im Text legen nahe, dass es sich um die Garderobe eines Konzerthauses handeln muss); die Darstellung ist zeitdeckend (die Zeit der Handlung wird aus dem Auszug nicht deutlich)

Teilschritt: Figurengestaltung vergleichen

- **„Traumnovelle"**: Fridolin als von sich selbst überzeugter, jedoch durchaus mit charakterlichen Schwächen gezeichnete Figur
- **„Leutnant Gustl"**: Parallele Figurengestaltung: nach außen gehört Gustl als Offizier der k. und k. Armee zur gehobenen Schicht und ist, wie sein anfängliches forsches Auftreten zeigt, von sich sehr überzeugt; die Selbstsicherheit wandelt sich innerhalb kurzer Zeit in Ratlosigkeit und Panik
- sowohl Fridolin als auch Gustl als Repräsentanten der staatserhaltenden Schicht; stehen auch für die Normen und Werte der Zeit

✎ Prüfen Sie die Aufzeichnungen oben auf Vollständigkeit.

Teilschritt: Sprachliche Gestaltung vergleichen

- **„Traumnovelle"**: gehobener Sprach- bzw. Redestil; rhetorisch überformt (rhetorische Figuren, argumentative Redestrategien)
- **„Leutnant Gustl"**: durch die Rede- bzw. Gedankenwiedergabe an der gesprochenen bzw. der Umgangssprache orientiert; dialektal (österreichisch) gefärbt; Gustls innerer Monolog wirkt fahrig (Gedankensprünge), aber auch sehr emotional (durch Übertreibungen wie „eine Faust gehabt wie Eisen", durch bildhaft-derbe Ausdrücke wie „hau' ihm den Schädel auseinander", durch an sich selbst gerichtete Fragen wie „Wie schau' ich denn aus?")

Teilschritt: Textüberschreitende Erschließungsaspekte vergleichen

Bei diesem Punkt lassen sich viele Gemeinsamkeiten feststellen.

- beide Erzählungen stammen nicht nur vom selben Autor und sind dem literarischen Impressionismus zuzuordnen, die beiden Auszüge behandeln auch dasselbe Thema (Ehrverletzung bzw. Duell); allerdings ist die „Traumnovelle" (1926) ein Alterswerk Schnitzlers (1862-1931)
- anders als für Gustl hat die Beleidigung für Fridolin keine Konsequenzen, sie verärgert ihn kurz, bringt ihn aber dann auf seine Ehekrise

✎ Setzen Sie die Auflistung fort.

Teilschritt: Thesen zum Textvergleich formulieren

Überprüfen Sie nun Ihre Verstehenshypothesen anhand Ihrer Untersuchungsergebnisse auf ihre Stimmigkeit. Korrigieren bzw. modifizieren Sie sie gegebenenfalls. Formulieren Sie dann klare Thesen zur Deutung der Texte.

- Die beiden Auszüge sind der Epoche des literarischen Impressionismus zuzurechnen und behandeln das Thema Ehrverletzung, wobei jeweils Männer von hohem sozialem Status im Mittelpunkt der Handlung stehen.
- Beide Texte sind außerdem dominiert von Figurenrede (erlebte Rede, wörtliche Rede, innerer Monolog); allerdings weist die Erzähltechnik Unterschiede auf: Im „Gustl" tritt der Erzähler völlig zurück und beschränkt sich auf die bloße Wiedergabe der Reden und Gedanken. Während Gustls Gedanken wirr und fahrig sind, haben die Gedanken Fridolins die Qualität einer Rede. Diesen formalen Unterschieden entspricht die Gestaltung der Figuren: Gustl hat seine Karriere noch vor sich, ist also noch jung, während Fridolin bereits als Arzt und Familienvater situiert ist.
- Mit Blick auf das zentrale Thema der beiden Auszüge wird deutlich, dass das Thema Ehrverletzung für Gustl von existentieller Bedeutung ist, während es für Fridolin allenfalls ein Ärgernis bedeutet. In beiden Fällen geht es Schnitzler darum, die Brüchigkeit dieses Ehrbegriffs zu verdeutlichen.

1. → 2. → 3. → **4. Gliederung erstellen** → 5. → 6.

Ordnen Sie Ihre bisherigen Untersuchungsergebnisse, mit denen Sie Ihre leitende(n) These(n) stützen wollen, orientiert an der Aufgabenstellung und den Aspekten der Untersuchung, in einer übersichtlichen Gliederung an. Halten Sie sich an die bewährte Aufteilung in Einleitung, Hauptteil und Schluss.

Einleitung:
- Präsentation der beiden Textauszüge (Verfasser, Titel, Textsorte, Entstehungszeit bzw. Veröffentlichungsjahr) mit ihrem gemeinsamen Thema
- Deutungsthese formulieren

Hauptteil:

1. Teilaufgabe
  a) Inhaltszusammenfassung des Auszugs aus der „Traumnovelle"
  b) Erzähltechnik und sprachliche Gestaltung
  c) Fridolin
  d) Thema Ehrverletzung

2. Teilaufgabe
  a) Inhaltszusammenfassung des Auszugs aus „Leutnant Gustl"
  b) Erzähltechnik und sprachliche Gestaltung vergleichen
  c) Gustl mit Fridolin vergleichen
  d) Thema Ehrverletzung im Vergleich mit der „Traumnovelle"

Schluss:
Ergebniszusammenfassung (vgl. Einleitung); persönliche Bewertung der Thematik (heutige Sicht auf Duelle)

Überprüfen Sie noch einmal Ihre Gliederung auf ihre Stimmigkeit und Folgerichtigkeit. Korrigieren bzw. ergänzen Sie gegebenenfalls Ihre Gliederung.

Schreiben Sie nun den Aufsatz. Nutzen Sie dazu Ihre Gliederung sowie Ihre übrigen Vorarbeiten. Beachten Sie die Hinweise auf S. 8/9.

Einleitung:
In den Auszügen aus den beiden Werken „Traumnovelle" (erschienen 1926) und „Leutnant Gustl" (erschienen 1900/01) von Arthur Schnitzler steht jeweils die Ehrverletzung einer Person im Mittelpunkt. Wie ich im Folgenden darstellen möchte, weisen die beiden Auszüge auch darüber hinaus weitere wichtige Gemeinsamkeiten auf, unterscheiden sich aber zugleich in einem zentralen Punkt: Während die Ehrverletzung für Gustl von existentieller Bedeutung ist, ist sie für Fridolin höchstens noch ein Ärgernis, das ohne Folgen bleibt. In beiden Fällen geht es Schnitzler dabei darum, die Brüchigkeit dieses Ehrbegriffs zu verdeutlichen.

Hauptteil:
1. Teilaufgabe
a) In dem Auszug aus der „Traumnovelle" geht es um Fridolin, einen Arzt, der auf dem Nachhauseweg von einem Couleurstudenten angerempelt wird.
b) Berichtet bzw. dargestellt wird die Handlung dabei von einem personalen Er-Erzähler, der an dieser Stelle die Sichtweise Fridolins einnimmt. Während im ersten Teil des Auszugs noch weitgehend neutral berichtet wird, besteht der zweite Teil überwiegend aus erlebter Rede bzw. nicht durch Anführungsstriche gekennzeichnete wörtliche Rede, die an einer Stelle in einen inneren Monolog übergeht (vgl. „Unsinn, erwiderte er sich selbst. Soll ich mich mit einem betrunkenen Studenten herstellen …"). Auffällig an Fridolins Gedankenwiedergabe ist dabei, dass diese teilweise wie eine Rede gestaltet ist. So finden sich nicht nur eine Reihe rhetorischer Figuren (z.B. Inversionen oder rhetorische Fragen); Fridolins Rede hat auch einen argumentativen Charakter: Fridolin möchte sich selbst beweisen, dass er nicht feige ist, wodurch sich eine leichte ironische Distanz des Erzählers zur Figur ergibt.
c) Fridolin erscheint so einerseits als selbstbewusster und erfolgreicher Mann (er selbst beschreibt sich im vorliegenden Auszug als „ein Mann von fünfunddreißig Jahren, praktischer Arzt, verheiratet, Vater eines Kindes!"); andererseits zeigt er sich in der Folge der Beleidigung als wenig willensstark und durchsetzungsfähig (er will „die Angelegenheit" gegebenenfalls später „ins Reine bringen"). Seine mangelnde Souveränität wird auch in der kurzen Rückblende, die Fridolins Affäre mit einer jungen, angeblich verlobten Frau zum Inhalt hat, deutlich: Zwar glaubt Fridolin nicht an den Verlobten, von dem die junge Frau erzählt, erschrickt gleichwohl gehörig, als es einmal an der Tür klopfte.
d) Die Episode mit dem Couleurstudenten kann so zunächst als indirekte Charakterisierung Fridolins verstanden werden: In diesem Sinne wird uns Fridolin als wankelmütig und wenig durchsetzungsstark geschildert. Er sucht nach Vorwänden, warum er auf die Beleidigung durch den Couleurstudenten nicht in der angemessenen Form reagieren muss. Die kurze Rückblende auf den jungen Dänen wirft allerdings noch ein anderes Licht auf Fridolin. Mit „Wonne" würde er sich mit diesem jungen Mann duellieren – und das nur, weil der Mann seiner Ehefrau gefallen hat. Da fühlt er sich in seiner Ehre als Mann gekränkt und würde nur zu gern private Rache nehmen. Ein Duell käme da gerade recht.

2. Teilaufgabe
a) Um Ehrverletzung geht es auch in dem Auszug aus der Novelle „Leutnant Gustl": Zwischen Leutnant Gustl und einem Bäckermeister kommt es nach einem Konzert an der Garderobe zu einem Streit, der für Gustl fatal endet.

b) Anders als in der „Traumnovelle" tritt im „Leutnant Gustl" der Erzähler nicht hervor, der Auszug besteht ausschließlich aus wörtlicher Rede und den inneren Monologen Gustls. Wie bei der erlebten Rede Fridolins erlauben es dabei auch die inneren Monologe, die Figur aus ihrer Selbstsicht, ihren Gedanken und Gefühlen kennenzulernen. Hierbei allerdings zeigen sich erste Unterschiede bereits im Schriftbild: Gustls Gedanken sind vielfach durch Pünktchen (vgl. „...") unterbrochen, was schon äußerlich auf eine gewisse Sprunghaftigkeit seiner Wahrnehmungen und Gedanken hinweist.
Gustls Sprache ist dialektal gefärbt und an der Umgangssprache orientiert. Bildhaft-derbe Ausdrücke belegen seine emotionale Anspannung.
c) Die Figuren Fridolin und Gustl scheinen auf den ersten Blick nicht viel gemeinsam zu haben: Gustl steht am Anfang seiner militärischen Karriere, muss also noch relativ jung sein, während Fridolin bereits Mitte 30, verheiratet und Vater ist; Gustl ist Armeeangehöriger, während Fridolin als Arzt mit eigener Privatpraxis einem zivilen Beruf nachgeht; Gustl scheint aufbrausend und unbeherrscht zu sein (er beleidigt den Bäckermeister zuerst und ohne ersichtlichen wirklichen Grund), während Fridolin deutlich gesetzter wirkt.
Auf den zweiten Blick jedoch wird deutlich, dass Gustl trotz seines anfänglich forschen Auftretens alles andere als selbstsicher ist und damit wie Fridolin charakterliche Schwächen zeigt. Er gehört als Leutnant der k. und k. Armee wie Fridolin als Arzt der gehobenen, satisfaktionsfähigen Gesellschaft an; sie beide sind damit Repräsentanten der staatserhaltenden Schicht und damit auch der Normen und Werte der damaligen Zeit.
d) Anders als für Fridolin, für den die Ehrverletzung kaum mehr als ein kurzes Ärgernis darstellt, betrifft Gustl die Beleidigung durch den Bäckermeister in existentieller Form. Er ist als Angehöriger der Armee einem strengen Ehrenkodex verpflichtet und muss nach dessen Regeln Selbstmord begehen, um seine Ehre wieder herzustellen. Wie sehr Gustl dies getroffen hat, wird an seiner inneren Aufgewühltheit in seinem inneren Monolog deutlich.

Schluss:
In beiden Fällen stellt Schnitzler den Ehrbegriff seiner Zeit auf den Prüfstand und zeigt dessen Fragwürdigkeit auf. Gustl will wegen einer - genau betrachtet - Nichtigkeit Selbstmord begehen, Fridolin dagegen betrachtet ein Duell als günstige Gelegenheit, um private Rache zu nehmen. Die von Schnitzler dargestellten Fälle werden auch dem zeitgenössischen Leser zu denken gegeben haben. Es wird nur zu deutlich, wie sinnentleert der Ehrbegriff bei beiden Protagonisten ist.

1. ⟶ 2. ⟶ 3. ⟶ 4. ⟶ 5. ⟶ **6. Klausur überarbeiten**

Teilen Sie sich Ihre Zeit so ein, dass Sie Ihre Klausur am Schluss noch einmal gründlich überarbeiten können. Halten Sie sich dabei an die Checkliste zur 1. Musterklausur (vgl. S. 12).

Musterklausur 3

Arthur Schnitzler: Leutnant Gustl (Auszug)

Jetzt kommt der Johann in mein Zimmer, jetzt merkt er, dass der Herr Leutnant nicht zu Haus geschlafen hat. – Na, alles Mögliche wird er sich denken; aber dass der Herr Leutnant im Prater übernachtet hat, das, meiner Seel', das nicht ... Ah, die Vierundvierziger[1]! zur Schießstätte marschieren s' – lassen wir sie vorübergeh'n ... so stellen wir uns da her ... – Da oben wird ein Fenster aufgemacht – hübsche Person – na, ich möcht' mir wenigstens ein Tüchel umnehmen, wenn ich zum Fenster geh' ... Vorigen Sonntag war's zum letzten Mal ... Dass grad' die Steffi die Letzte sein wird, hab' ich mir nicht träumen lassen. – Ach Gott, das ist doch das einzige reelle Vergnügen ... Na ja, der Herr Oberst wird in zwei Stunden nobel nachreiten ... die Herren haben's gut – ja, ja, rechts g'schaut! Ist schon gut ... Wenn ihr wüsstet, wie ich auf euch pfeif'! – Ah, das ist nicht schlecht: der Katzer ... seit wann ist der denn zu den Vierundvierzigern übersetzt? – Servus, servus! – Was der für ein G'sicht macht? ... Warum deut' er denn auf seinen Kopf? – Mein Lieber, dein Schädel interessiert mich sehr wenig ... Ah, so! Nein, mein Lieber, du irrst dich: im Prater hab' ich übernachtet ...wirst schon heut' im Abendblatt lesen. – „Nicht möglich!", wird er sagen; „heut' früh, wie wir zur Schießstätte ausgerückt sind, hab' ich ihn noch auf der Praterstraße getroffen!" – Wer wird denn meinen Zug kriegen? – Ob sie ihn dem Walterer geben werden? – Na, da wird was Schönes herauskommen – ein Kerl ohne Schneid, der hätt' auch lieber Schuster werden sollen ... Was, geht schon die Sonne auf? – Das wird heut' ein schöner Tag – so ein rechter Frühlingstag ... Ist doch eigentlich zum Teufelholen! – Der Komfortabelkutscher[2] wird noch um achte in der Früh' auf der Welt sein, und ich ... na, was ist denn das? He, das wär' sowas – noch im letzten Moment die Contenance[3] verlieren wegen einem Komfortabelkutscher ... Was ist denn das, dass ich auf einmal so ein blödes Herzklopfen krieg'? – Das wird doch nicht deswegen sein ... Nein, o nein ... es ist, weil ich so lang' nichts gegessen hab'. – – Aber Gustl, sei doch aufrichtig mit dir selber: – Angst hast du – Angst, weil du's noch nie probiert hast ... Aber das hilft dir ja nichts, die Angst hat noch keinem was geholfen, jeder muss es einmal durchmachen, der eine früher, der andere später, und du kommst halt früher d'ran ... Viel wert bist du ja nie gewesen, so benimm dich wenigstens anständig zu guter Letzt, das verlang' ich von dir! – So, jetzt heißt's nur überlegen – aber was denn? ... Immer will ich mir was überlegen ... ist doch ganz einfach: – im Nachtkastelladel[4] liegt er, geladen ist er auch, heißt's nur: losdrucken – das wird doch keine Kunst sein! –

Aus: Arthur Schnitzler, *Leutnant Gustl*, Editionen für den Literaturunterricht, Ernst Klett Verlag, Stuttgart/Leipzig 2009, S. 28 f.

Worterklärungen: 1 gemeint ist das Infanterieregiment Nr. 44; 2 einspännige Mietskutsche (zu engl. comfortable „bequem"); 3 zu franz. contenance „Haltung, Fassung"; 4 österr. für „Schublade eines Nachttischchens"

Aufgabenstellung:

1. Analysieren Sie den Auszug aus „Leutnant Gustl" von Arthur Schnitzler.
2. Prüfen Sie, wie sich das im Auszug abzeichnende Menschen- und Weltbild Gustls in seinem Verhältnis zum Judentum widerspiegelt.

1. Erstes Überfliegen des Textes – Aufgabenstellung erfassen → **2.** → **3.** → **4.** → **5.** → **6.**

Überfliegen Sie den Textauszug und notieren Sie erste Informationen und Fragen, z. B.

Wer	►	Zentralfigur
spricht	►	Darstellungsform
in welcher Situation	►	Ort, Zeit, Handlung
worüber wozu	►	Themen

Formulieren Sie nun eine oder mehrere Verstehenshypothesen (oder auch Fragen) zum Text.

- Auszug zeigt Gustl schon fast am Ende seines Weges zurück in die Innenstadt; es wird deutlich, dass er (langsam) Angst davor bekommt, sich umzubringen
- der inneren Verfassung entspricht sein äußeres Erscheinungsbild: Gustl hat offenbar vergessen, seine Kopfbedeckung wieder aufzusetzen
- Auszug zeigt Gustls wahre innere Einstellung zum Militär (vgl. „Wenn ihr wüsstet, wie ich auf euch pfeif'!")
- Auszug zeigt Gustls Einstellung zu den Frauen: für ihn ist der sexuelle Kontakt mit Frauen „das einzig reelle Vergnügen"

Lesen Sie nun die **Aufgabenstellung** genau. Achten Sie auf die Arbeitsanweisung und die Operatoren. Was wird von Ihnen erwartet? Es handelt sich um die Analyse eines literarischen Textes mit weiterführendem Schreibauftrag.
Die erste Teilaufgabe verlangt die aspektorientierte Analyse eines literarischen Textes. Dazu gehört, den Text unter sinnvollen Aspekten zu analysieren wie Figurengestaltung, Erzähltechnik, sprachliche Gestaltung usw.

Die zweite Teilaufgabe erfordert, dass Sie Ihre zuvor gewonnenen Einsichten in Gustls Welt- und Menschenbild exemplarisch an seinem Verhältnis zum Judentum überprüfen. Dazu müssen Sie die gesamte Novelle heranziehen.

1. → **2. Text aspektorientiert erschließen** → **3.** → **4.** → **5.** → **6.**

Teilschritt: Inhalt sichern

Lesen Sie den Textauszug zwei- bis dreimal sorgfältig durch und halten Sie Ihre ersten Wahrnehmungen zum Text (z. B. Besonderheiten, Auffälligkeiten) fest. Sie können zusätzlich auch:

- eine Abschnittsgliederung des Textes vornehmen und die Abschnitte mit Überschriften versehen
- Schlüsselwörter im Text unterstreichen
- Randnotizen machen

- Gustl stellt sich zunächst vor, wie sein Diener Johann, der ihn um diese Uhrzeit gewöhnlich weckt, auf seine Abwesenheit reagieren würde
- sieht die Vierundvierziger marschieren, geht zur Seite und sieht eine leicht bekleidete (nackte?) Frau zu einem Fenster gehen
- grüßt sich mit dem Zugführer der Vierundvierziger; Gustl merkt, dass er unvorschriftsmäßig bekleidet ist
- ...

Teilschritt: Szene in den Handlungszusammenhang einordnen

Ordnen Sie die Szene in den Handlungszusammenhang ein und beschreiben Sie die Funktion der Szene.

- Handlungszusammenhang: Gustl befindet sich am frühen Morgen bereits auf dem Rückweg vom Prater in die Innenstadt zu seinem Kaffeehaus, d.h. dass er glaubt, nur noch wenige Stunden zu leben zu haben. An wichtigen Stationen folgen noch der Besuch der Kirche, die Ringstraße und abschließend die Kaffeehausszene.
- Funktion: beleuchtet Gustls Charakter; zeigt, dass er auch Angst vor dem Selbstmord hat; ...

Teilschritt: Erzähltechnik untersuchen

Da der Textausschnitt ganz von der Figurenrede bestimmt ist, liegt es nahe, sich zunächst mit der Erzähltechnik zu beschäftigen.

Halten Sie Ihre wichtigsten Beobachtungen fest.

- Auszug besteht nur aus dem inneren Monolog Gustls (das „Servus, servus!" Gustls kann zugleich als wörtliche Rede verstanden werden); entsprechend tritt der Erzähler nicht hervor, die Darstellungsform ist szenisch
- Raumgestaltung: nur indirekte Hinweise auf den Handlungsraum: Szene spielt auf der Praterstraße, die schon recht belebt ist (die Vierundvierziger, die Frau am Fenster, der Kutscher); (Sonnenaufgang als Symbol des Neuanfangs?)
- Zeitgestaltung: früher Morgen; Erzählweise ist leicht zeitraffend

Teilschritt: Figurengestaltung untersuchen

Der Textauszug besteht aus einem inneren Monolog der Hauptfigur. In einem solchen Monolog kommt man einer literarischen Figur so nahe wie sonst kaum.

Charakterisieren Sie Gustl. Beziehen Sie auch sein Menschen- und Weltbild mit ein.

- Figur Gustl: Gustl ist Leutnant der k.u.k. Armee; er ist 23 oder 24 Jahre alt; als Junge besuchte er zunächst das Gymnasium und sollte Ökonomie studieren, doch musste er das Gymnasium verlassen und ging danach in Kadettenschule ...
- Charakter Gustls: entspricht dem gängigen negativen Bild von jungen Offizieren: Gustl hat viele Liebschaften, spielt um hohe Geldbeträge und hat Spielschulden, langweilt sich oft, ist sehr ich-bezogen und aggressiv, ...
- Menschen- und Weltbild Gustls: anerkennt das Militär und die in ihm herrschende Wertewelt, ohne allerdings wirklich davon überzeugt zu sein (vgl. „Wenn ihr wüsstet, wie ich auf euch pfeif'!"), ist also ein Mitläufer; sieht Frauen als Mittel zum Zweck („das einzig reelle Vergnügen"); spricht schlecht über seine Kameraden bzw. Vorgesetzten (vgl. das ironische „Mein Lieber", „ein Kerl ohne Schneid", „wird nobel nachreiten"), auch hier scheint sein Egoismus und seine Unfähigkeit zu echten Beziehungen auf; sieht Menschen nicht als zu achtende Individuen, sondern beurteilt und behandelt sie nach ihrer sozialen Stellung (vgl. Johann, der Kutscher)

Teilschritt: Sprachliche Gestaltung untersuchen

Beschreiben und charakterisieren Sie die sprachlichen Mittel des Textes.

- innerer Monolog an der Umgangssprache orientiert (mit Auslassungen, Wortverkürzungen, einfachem Satzbau, Wiederholungen, Fügungsbrüchen, Interjektionen)
- stark dialektal (österreichisch) gefärbt
- wirkt fahrig; anfangs im Ton überheblich-zynisch, später dann emotional
- ...

Teilschritt: Textüberschreitende Aspekte einbeziehen

Beziehen Sie Ihre Kenntnisse über Autor, Werk und damalige Zeit mit ein.

- Werk des literarischen Impressionismus, in dem der innere Monolog durchgängig als Gestaltungsmittel eingesetzt wurde
- Leutnant Gustl als epochentypische Figur, deren Wertvorstellungen auch für den inneren Zustand der Gesellschaft stehen
- Novelle stieß in Militärkreisen auf Protest und zog für Schnitzler, der Reserveoffizier der k.u.k. Armee war, ein ehrenrätliches Verfahren nach sich, in dessen Folge ihm der Offiziersrang aberkannt wurde
- Duell als wichtiges Motiv der Zeit ...
- Schnitzler war jüdischer Abstammung; war zeit seines Lebens immer wieder antisemitischen Anfeindungen ausgesetzt
- ...

1. → 2. → **3. Erörterung vorbereiten** → 4. → 5. → 6.

Teilschritt: Gustls Verhältnis zum Judentum untersuchen

Um die zweite Teilaufgabe durchzuführen, müssen Sie die gesamte Novelle in den Blick nehmen.

Sammeln Sie Stellen aus der gesamten Novelle „Leutnant Gustl", in denen Gustls Verhältnis zum Judentum deutlich werden. Bewerten Sie jeweils Gustls Einstellung bzw. Verhalten.

- S. 5: „Überhaupt, dass sie noch immer so viel Juden zu Offizieren machen da pfeif' ich auf'n ganzen Antisemitismus! (...) die Mannheimer selber sollen ja auch Juden sein, getauft natürlich ... denen merkt man's aber gar nicht an – besonders die Frau ... so blond, bildhübsch die Figur (...) Na ja, wer hat's Geld?" – Gustl hat die üblichen Vorurteile (Juden sind reich, nicht „blond" oder „bildhübsch"); zugleich wird seine Abneigung gegenüber Juden aufgrund ihrer Erfolge deutlich (als Offiziere haben sie denselben gesellschaftlichen Rang wie er)
- S. 9: „O ja, mein Fräulein, ich möcht' schon! ... O, die Nase! – Jüdin ... Noch eine ... Es ist doch fabelhaft, da sind auch die Hälfte Juden ... nicht einmal ein Oratorium kann man mehr in Ruhe genießen" – Vorurteile wegen des Aussehens (hier besonders primitiv: die Nase als Kennzeichen des Judentums) – fühlt sich durch die Anwesenheit von Juden in seiner „Ruhe" gestört – meint, es gebe zu viele Juden in der oberen Gesellschaft (vgl. „da sind auch die Hälfte Juden",

„auch" bezieht sich wohl auf die Armee) - wichtig: das erwähnte Oratorium „Paulus", das die Wandlung das Saulus zum Paulus behandelt, stammt von dem jüdischen Komponisten Mendelssohn-Bartholdy (1809-1847)

- ...

Teilschritt: Deutungsthesen formulieren

Überprüfen Sie Ihre bisherigen Untersuchungsergebnisse zu den beiden Teilaufgaben. Korrigieren bzw. modifizieren Sie gegebenenfalls Ihr Verständnis. Formulieren Sie dann klare Thesen zur Lösung der Aufgabenstellung.

- Gustls Welt- und Menschenbild ist von Egoismus und Mitläufertum geprägt, was sich im Textauszug insbesondere an seiner Einstellung zum Militär (er fügt sich ohne innere Überzeugung aufgrund persönlicher Vorteile ein) und zu Frauen (sie sind für Gustl zum Zweck seiner persönlichen Befriedigung) zeigt.
- Gustls Egoismus und Mitläufertum zeigen sich auch in seinem Verhältnis zum Judentum. Juden sind für ihn zum einen lästige Konkurrenten beim Militär (Egoismus), zum anderen teilt er bedenkenlos den allgemeinen gesellschaftlichen Antisemitismus (vgl. seine Beurteilung von Frau Mannheimer).
- Arthur Schnitzler, der selbst immer wieder antisemitischen Anfeindungen ausgesetzt war, entlarvt im „Leutnant Gustl" nicht nur die Brüchigkeit des Ehrbegriffs, sondern zeigt auch am Beispiel des Antisemitismus den wahren inneren Zustand der Wiener Gesellschaft der Jahrhundertwende.
- Das Motiv der Wandlung vom Saulus zum Paulus spielt eine wichtige Rolle für die Gesamtdeutung der Erzählung. Der Besuch des Paulus-Oratoriums bildet nicht nur den Erzählauftakt, sondern das Saulus-Paulus-Motiv wird an zentraler Stelle noch einmal aufgegriffen (S.30): sowenig Gustl dieses Werk versteht, sowenig ist er in der Lage, eine entsprechende Wandlung durchzumachen.

1. → 2. → 3. → **4. Gliederung erstellen** → 5. → 6.

Ordnen Sie Ihre bisherigen Untersuchungsergebnisse, mit denen Sie Ihre leitende(n) These(n) stützen wollen, orientiert an der Aufgabenstellung und den Aspekten der Untersuchung, in einer übersichtlichen Gliederung an. Halten Sie sich an die bewährte Aufteilung in Einleitung, Hauptteil und Schluss.

Einleitung:
- Präsentation des Textauszugs (Verfasser, Titel, Textsorte, Entstehungszeit bzw. Veröffentlichungsjahr, Thema)
- Deutungsthese formulieren

Hauptteil:

1. Teilaufgabe

a) Inhaltszusammenfassung des Auszugs; Einordnung in den Gesamtzusammenhang der Handlung

b) Erzähltechnik und sprachliche Gestaltung

c) Charakteristik Gustls

d) Welt- und Menschenbild Gustls

2. Teilaufgabe
a) Gustls Verhältnis zum Judentum
b) Vergleich mit seinem Welt- und Menschenbild
c) Bewertung vor dem Hintergrund der textüberschreitenden Analyseaspekte

Schluss:
Ergebniszusammenfassung (vgl. Einleitung); persönliche Bewertung der Novelle

Überprüfen Sie noch einmal Ihre Gliederung auf ihre Stimmigkeit und Folgerichtigkeit. Korrigieren bzw. ergänzen Sie gegebenenfalls Ihre Gliederung.

1. → **2.** → **3.** → **4.** → **5. Klausur schreiben** → **6.**

Schreiben Sie nun den Aufsatz. Nutzen Sie dazu Ihre Gliederung sowie Ihre übrigen Vorarbeiten. Beachten Sie die Hinweise auf S. 8/9.

Einleitung:
In seiner 1900/01 erschienenen Novelle „Leutnant Gustl" beleuchtet Arthur Schnitzler den wahren inneren Zustand der Wiener Gesellschaft der Jahrhundertwende. Dazu gehört der dort schwelende Antisemitismus. Auch wenn der vorliegende Textauszug aus der Novelle keinen direkten Bezug zum Thema Antisemitismus aufweist, lassen sich die latenten Vorbehalte Gustls gegen seine jüdischen Mitbürger deutlich aufzeigen.

Hauptteil:
1. Teilaufgabe
a) Der Auszug spielt am frühen Morgen, Gustl befindet sich also bereits auf dem Rückweg vom Prater in die Innenstadt zu seinem Kaffeehaus. An wichtigen Stationen folgen hier nur noch der Besuch der Kirche, die Ringstraße und abschließend die Kaffeehausszene. Deutlich wird noch einmal Gustls Einstellung insbesondere zum Militär (vgl. „Wenn ihr wüsstet, wie ich auf euch pfeif'!") und zu den Frauen (vgl. „Dass grad' die Steffi die Letzte sein wird, …").
b) Wie die gesamte Novelle besteht auch diese Szene nur aus dem inneren Monolog Gustls (das „Servus, servus!" Gustls kann zugleich als wörtliche Rede verstanden werden), der stark an der mündlichen Umgangssprache orientiert (mit Auslassungen, Wortverkürzungen, einfachem Satzbau, Wiederholungen, Fügungsbrüchen, Interjektionen) und stark dialektal (österreichisch) gefärbt ist. Durch die Technik des inneren Monologs bleibt nun die Wahrnehmung der Leser auf die Perspektive Gustls beschränkt; zugleich eignet sich die Technik aber auch besonders gut zur Darstellung des Innenlebens von Figuren.
c) In dem 23- oder 24-jährigen Gustl, der nach seinem Scheitern am Gymnasium die Kadettenschule besucht hat und frühzeitig zum Militärdienst bestimmt war, erkennt man denn auch leicht den typischen Vertreter der niederen Offiziersränge innerhalb der k. u. k. Armee mit all seinen negativen Eigenschaften: Leutnant Gustl hat viele Liebschaften, spielt um hohe Geldbeträge und hat Spielschulden, er langweilt sich oft und ist sehr ich-bezogen und aggressiv.
d) Gustls erkennt dabei das Militär und die in ihm herrschende Wertewelt an, ohne allerdings wirklich davon überzeugt zu sein, ist also ein Mitläufer. Frauen sieht er als Mittel zum Zweck („das einzig reelle Vergnügen"), was darauf hindeutet, dass er Frauen nicht achtet und auch keine echte Beziehung zu ihnen aufbauen kann.

Darüber hinaus spricht Gustl schlecht über seine Kameraden bzw. Vorgesetzten (vgl. das ironische „Mein Lieber", „ein Kerl ohne Schneid", „wird nobel nachreiten"), auch hier scheint sein Egoismus und seine Unfähigkeit zu echten Beziehungen auf. Insgesamt wird deutlich, dass er Menschen nicht als zu achtende Individuen sieht, sondern sie nach ihrer sozialen Stellung (vgl. Johann, der Kutscher) beurteilt und behandelt.

2. Teilaufgabe

a) Innerhalb der gesamten Novelle dringt das Thema Antisemitismus immer wieder durch (vgl. zum Beispiel S. 9: „O ja, mein Fräulein, ich möcht' schon! … O, die Nase! – Jüdin … Noch eine … Es ist doch fabelhaft, da sind auch die Hälfte Juden … nicht einmal ein Oratorium kann man mehr in Ruhe genießen"), spielt aber auf den ersten Blick keine zentrale Rolle. Bedenkt man jedoch, dass der Besuch des Paulus-Oratoriums des jüdischen Komponisten Mendelssohn Bartholdy nicht nur den Erzählauftakt bildet, sondern dass das Saulus-Paulus-Motiv an zentraler Stelle, nämlich beim Besuch der Kirche (vgl. S. 30: „Woran erinnert mich denn nur die Melodie? – Heiliger Himmel! Gestern Abend!"), wieder aufgegriffen wird, wird deutlich, wie wichtig Schnitzler offenbar dieses Thema war.

b) Gustls Welt- und Menschenbild ist von seinem Egoismus und seinem Mitläufertum geprägt. Beide Eigenschaften zeigen sich aber auch in seinem Verhältnis zum Judentum. Juden sind für ihn zum einem lästige Konkurrenten beim Militär (vgl. „Überhaupt, dass sie noch immer so viel Juden zu Offizieren machen – da pfeif' ich auf'n ganzen Antisemitismus!", S. 5), zum anderen teilt er den allgemeinen gesellschaftlichen Antisemitismus ohne ihn zu reflektieren (vgl. seine Beurteilung von Frau Mannheimer); in der Folge teilt er nicht nur die primitivsten Vorurteile über Juden, sondern sieht sie sogar fortlaufend bestätigt, z. B.: „(…) die Mannheimer selber sollen ja auch Juden sein, getauft natürlich … denen merkt man's aber gar nicht an – besonders die Frau … so blond, bildhübsch die Figur (…) Na ja, wer hat's Geld?" (S. 5)

c) Arthur Schnitzler (1862-1931) war selbst jüdischer Abstammung. Obwohl sein Elternhaus stark assimiliert war, war er immer wieder antisemitischen Anfeindungen ausgesetzt. Neben dem immer stärker werdenden Antisemitismus innerhalb der Wiener Gesellschaft und insbesondere den Militärkreisen mag dies der Hauptgrund für die zentrale Stellung dieses zeitkritischen Aspekts im „Leutnant Gustl" sein.

Schluss:

Mit seiner Novelle „Leutnant Gustl" prangert Schnitzler den Antisemitismus nicht nur an, sondern verweist zugleich auf die wichtigste Ursache des Antisemitismus: Dummheit. Gustls eigene Dummheit verhindert so nicht nur, dass er die Botschaft des Werks des jüdischen Komponisten Mendelssohn Bartholdy nicht versteht (die Darstellung der Wandlung vom Saulus zum Paulus), sondern er kann deshalb auch selbst keine entsprechende Wandlung durchmachen und ist am Ende wieder, was er am Anfang schon war. Unter diesem Aspekt hat denn auch die Novelle nichts an Aktualität verloren, kann sie doch auch heute noch zeigen, wie dumm und lächerlich Vorurteile, gegen wen auch immer, doch in Wahrheit sind.

1. → **2.** → **3.** → **4.** → **5.** → **6. Klausur überarbeiten**

Teilen Sie sich Ihre Zeit so ein, dass Sie Ihre Klausur am Schluss noch einmal gründlich überarbeiten können. Halten Sie sich dabei an die Checkliste zur 1. Musterklausur (vgl. S. 12).

Analyse/Interpretation „Traumnovelle“

1 Kurzinformationen zum Text

Die Arbeiten an der „Doppelnovelle“, wie das Erzählwerk zunächst heißen sollte, erstrecken sich über die Jahre 1920 bis 1924, wobei sich bereits in den Tagebuchnotizen des Jahres 1907 die Grundidee des Stückes ausformuliert findet. Erstmals erschienen ist die „Traumnovelle“ dann in Fortsetzung in der Zeitschrift „Die Dame“ (Dezember 1925 bis März 1926), eine Buchausgabe erfolgte 1926 im Fischer Verlag.

Sigmund Freud „Die Traumdeutung“

Schnitzler hatte Freuds Werk „Die Traumdeutung“ (1900) gleich nach seinem Erscheinen gelesen, Freud seinerseits sprach in einem Brief an Schnitzler, und dies schon lange vor dem Erscheinen der „Traumnovelle“, von einer „weitreichenden Übereinstimmung, die zwischen Ihnen und meinen Auffassungen mancher psychologischer und erotischer Probleme besteht“. Die „Traumnovelle“ galt in der literaturwissenschaftlichen Rezeption deshalb von Anfang an als Beleg der Auseinandersetzung Schnitzlers mit der Tiefenpsychologie und wurde entsprechend interpretiert. Darüber hinaus regt die „Traumnovelle“ bis heute aufgrund der dichten Motiv- und Symbolstruktur immer wieder zu den verschiedensten Deutungen an.

2 Inhalt

Am Abend nach einem Ballbesuch und einer glücklichen Liebesnacht eröffnen sich die Ehepartner Fridolin und Albertine, dass sie in ihrem vergangenen Dänemark-Urlaub fast einer erotischen Versuchung erlägen wären. Der Arzt Fridolin wird nach dem Gespräch zu einem Krankenbesuch gerufen, der für ihn den Auftakt zu einer ereignisreichen Nacht voller erotischer Verlockungen und auch Gefahren bildet. Höhepunkt ist die Teilnahme an einer geheimen Gesellschaft, der er nur entkommt, weil sich eine schöne Unbekannte für ihn opfert („Hier bin ich, hier habt ihr mich – alle!“, S. 44), als er entdeckt wird. Tief in der Nacht kehrt Fridolin nach Hause zurück, wo ihm seine Frau Albertine von einem Traum berichtet: Sie habe sich in diesem Traume einem anderen hingegeben und zugesehen, wie Fridolin wegen seiner Treue zu ihr gekreuzigt wurde. Von den Traumerlebnissen seiner Frau schockiert beschließt Fridolin, am nächsten Tage die Verlockungen der letzten Nacht „zu Ende zu erleben“ und der Unbekannten nachzuspüren. Diese Nachforschungen treiben ihn mitten in der Nacht in die Leichenhalle des Krankenhauses, wo er versucht, einen weiblichen Leichnam als die schöne Unbekannte der vergangenen Nacht zu identifizieren, wobei offen bleibt, „ob die Frau, die nun da drin in der Totenkammer lag, dieselbe war, die er vor vierundzwanzig Stunden … nackt in den Armen gehalten“ (S. 79). Erschöpft kehrt er wieder nach Hause zurück, wo er seine Erlebnisse Albertine erzählt, die ihm erklärt, „dass die Wirklichkeit einer Nacht, ja, dass nicht einmal die eines ganzen Menschenlebens zugleich auch seine innerste Wahrheit bedeutet“ (S. 81).

Auf einen Blick

- Geschichte einer Ehekrise, die bewältigt wird.

3 Die Figuren der Novelle

Die Zentralfigur der Novelle ist Fridolin. Im Gegensatz zu seiner Frau Albertine, die nur als Gesprächspartnerin von Fridolin auftritt und nahezu ausschließlich durch ihre eigenen Erzählberichte Kontur gewinnt, ist die eigentliche Handlung ganz an Fridolin ausgerichtet.

Fridolin

Fridolins positives Selbstbild

Fridolin charakterisiert sich an mehreren Stellen – jeweils in Form von Gedankenwiedergaben – selbst, so heißt es an einer Stelle, er sei „ein Mann von fünfunddreißig Jahren, praktischer Arzt, verheiratet, Vater eines Kindes" (S. 19), zu einem anderen Zeitpunkt sieht er sich als „der tüchtige, verlässliche, zukunftsreiche Arzt, der brave Gatte und Familienvater" (S. 65). Diese Selbstbeschreibungen sind insofern sehr aufschlussreich, als sie zeigen, dass Fridolin ein viel zu positives Selbstbild besitzt. Sein Wohnort im vornehmen 8. Wiener Bezirk, die Tatsache, dass die Familie ein Mädchen, also eine Dienstbotin bzw. Kindermädchen, hat, seine Tätigkeit als Arzt oder der Dänemark-Urlaub zeigen, dass die Familie finanziell gut situiert ist. Doch ein „zukunftsreicher Arzt" ist Fridolin deshalb nicht. Für die Leitung einer Abteilung in der Poliklinik wird er nie in Betracht kommen, „schon weil mir die Dozentur fehlt" (S. 60) und er nicht den Ehrgeiz hat, diese nachzuholen, was Albertine auch durchschaut (vgl. S. 64). Und ein „braver Gatte und Familienvater" ist er vor allem deshalb, weil zu Liebschaften „mehr Muße gehört, als ihm vergönnt war" (S. 18).

Fridolins Unentschlossenheit

Auch seine Rolle als Besucher der geheimen Gesellschaft schätzt Fridolin völlig falsch ein, wenn er glaubt: „… die Herren fürchteten sich, der Überlegene war er." (S. 72) Überhaupt präsentiert sich Fridolin auf seinen nächtlichen Stationen als überwiegend unentschlossen (bezeichnend ist etwa, dass er zwar nach dem Maskenverleiher sucht, aber „im Stillen (hoffte)", dass er ihn nicht finden werde, S. 31), ja feige (vgl. etwa seine Reaktion auf die Beleidigung durch den Studenten und die doppelte Frage an sich selbst: „Feig?", S. 19) und vor allem wenig erfolgreich (er bekommt weder Marianne noch Mizzi, auch nicht Pierrette und die schöne Unbekannte). Entschlossenheit und eine Art trotzigen Mutes zeigt Fridolin lediglich auf der geheimen Gesellschaft, als er trotz der Warnungen der Unbekannten nicht bereit ist zu gehen („Das Leben hat keinen Wert mehr für mich, wenn ich ohne dich von hier fortgehen soll.", S. 39); allerdings lässt er sich kurz darauf, ohne es recht zu merken, vor die Türe setzen (vgl. S. 44).

Fridolins Beziehung zu Albertine

Fridolins Gefühle gegenüber Albertine sind zunächst schwankend. Einerseits unternimmt er seinen nächtlichen Weg letztlich aus Eitelkeit (dies wird unter anderem in der Begegnung mit Marianne deutlich: „Im selben Augenblick, er wusste nicht warum, musste er an seine Gattin denken. Bitterkeit gegen sie stieg in ihm auf …", S. 15) und sieht seine Ehe sogar nach Albertines Traumoffenbarung als endgültig gescheitert an (vgl. u. a. „In der Tiefe seiner Seele war er doch fertig mit ihr, wie immer das äußere Leben weitergehen sollte.", S. 60). Andererseits bekennt er Albertine zu Beginn: „In jedem Wesen (…), das ich zu lieben meinte, habe ich immer nur dich gesucht." (S. 8) Und tatsächlich muss er im Verlaufe seiner Erlebnisse immer wieder an Albertine denken und sich am Schluss eingestehen, dass er sich „die Selbstmörderin, deren Antlitz er nicht kannte, sich mit den Zügen Albertinens vorgestellt hatte, ja, dass ihm, wie er nun erst erschaudernd wusste, ununterbrochen seine Gattin als die Frau vor Augen geschwebt war, die er suchte" (S. 73).

Albertine

Albertine ist seit ihrem siebzehnten Lebensjahr (S. 9) mit Fridolin verheiratet und führt nun ein Leben als Hausfrau und Mutter einer sechsjährigen Tochter. Bezeichnenderweise findet sie „zuerst den Mut zu einer offenen Mitteilung" und setzt damit die Ereignisse in Gang, wobei der Erzähler offen lässt, „ob sie nun die Ungeduldigere, die Ehrlichere oder die Gütigere von beiden war" (S. 5).

Albertines unbefriedigtes Verlangen

Aus Albertines Erzählungen der beiden versäumten Abenteuer (mit dem Dänen, S. 5 f., und vor der Hochzeit, S. 9) wird deutlich, dass in ihr ein unbefriedigtes Verlangen lebt. Dieses Verlangen erfüllt sich gleichsam im Traum (während Fridolins wirkliche Abenteuer gerade nicht zur Erfüllung kommen), wobei sie sich gerade im geträumten Ehebruch ihres Ehemanns vollkommen sicher fühlt und ihn deswegen im Traum sogar verhöhnt („und es lockte mich, dich zu verhöhnen, dir ins Gesicht zu lachen – und gerade darum, weil du aus Treue zu mir die Hand einer Fürstin ausgeschlagen, Foltern erduldet und nun hier heraufgewankt kamst, um einen furchtbaren Tod zu erleiden.", S. 55). Am Ende ist es wiederum Albertine, die die Initiative ergreift und Fridolin dadurch zu einem Geständnis seiner vergangenen Erlebnisse veranlasst, indem sie ihm die Maske aufs Bett legt, und an ihrer Ehe festhält, dankbar, „dass wir aus allen Abenteuern heil davongekommen sind – aus den wirklichen und aus den geträumten" (S. 81).

Die weiteren Frauenfiguren

Vier erotische Verlockungen

Die vier Frauen, denen Fridolin im Laufe der ersten Nacht begegnet, üben zunächst einen immer stärkeren erotischen Reiz auf ihn aus: Marianne, die Tochter des verstorbenen Patienten aus der Schreyvogelgasse bleibt trotz ihres Liebesgeständnisses „blass" (S. 11); Mizzi, die Prostituierte, ist nicht nur deutlich jünger („Siebzehn", S. 21) als Marianne („vor drei oder vier Jahren war sie dreiundzwanzig", S. 12), sondern ihre Lippen sind „von einem natürlichen Rot gefärbt" (S. 21); Pierrette ist abermals jünger („ein anmutiges, ganz junges Mädchen, fast noch ein Kind", S. 32), die schöne Unbekannte schließlich macht Fridolin „trunken" von „ihrem duftenden Leib, ihrem rot glühenden Mund" (S. 40).
Zugleich stehen die Frauenfiguren symbolhaft für Fridolins Entfernung aus der bürgerlichen, der wirklichen Welt. Äußeres Merkmal sind die Namen bzw. Bezeichnungen, die immer unkonkreter werden: Während Marianne noch einen gewöhnlichen Namen trägt, ist „Mizzi" nicht nur ein Berufsname („Mizzi" arbeitet also nur unter diesem Namen), sondern auch ein Kosename (zu „Maria"); „Pierrette" ist überhaupt kein Name, sondern die Bezeichnung für eine Lustspielfigur, die Unbekannte schließlich bleibt namenlos (bzw. hat einen falschen Namen).

Nachtigall, Dr. Adler

Kontrastfiguren

Die beiden Figuren bieten zu vielfältigen Deutungen Anlass. Zunächst weisen sie eine Reihe von Gemeinsamkeiten auf: Beide tragen Vogelnamen, beide sind ehemalige Studienkollegen von Fridolin, beide arbeiten nachts und alleine, beiden begegnet Fridolin jeweils nach Mitternacht und beide eröffnen ihm den Zutritt für ihn bedeutsame Räume (Nachtigall führt ihn zur geheimen Gesellschaft, Adler lässt ihn in die Leichenkammer). Aufgrund ihrer Unterschiedlichkeit können Sie als Kontrastfiguren zu Fridolin verstanden werden: Nachtigall hat anders als Fridolin sein Medizinstudium abgebrochen und ernährt sich und seine Familie durch ein amateurhaftes Klavierspiel. Er führt ein nichtbürgerliches Leben, ist aber insofern erfolgreicher als Fridolin, als er offenbar mit seinem Leben zufrieden ist („... und er lachte hell, als wäre es ausnehmend lustig, vier Kinder zu haben, alle in Lemberg und alle von ein und derselben Frau.", S. 27). Dr. Adler, über den man dagegen kaum etwas erfährt, ist insofern erfolgreicher als Fridolin, als er seinen Beruf im Gegensatz zu Fridolin vor allem als wissenschaftlichen Auftrag versteht („... das sind ja die allerschönsten Arbeitsstunden - so von Mitternacht bis früh.", S. 78) und so das vorlebt, was Fridolin nicht zu leisten im Stande ist (vgl. S. 64: Fridolin „sprach von seinem eigenen Vorsatz, die wissenschaftlichen Arbeiten wieder mit etwas größerer Energie aufzunehmen.")

Auf einen Blick

- **Die Zentralfigur Fridolin wird als überwiegend unentschlossen und sich selbst überschätzend gezeichnet. Seine Abenteuer, die alle nicht zur Erfüllung kommen, lassen ihn erkennen, dass er sich nach wie vor zu Albertine hingezogen fühlt.**
- **Albertine, deren Verlangen im Traum zur Erfüllung kommt, wird kaum näher charakterisiert, doch ist sie es, die den Mut zur Offenheit hat und trotz allem an der Ehe festhalten will.**
- **Die weiteren Frauenfiguren üben einen zunehmenden erotischen Reiz auf Fridolin aus.**
- **Die Figuren Nachtigall und Dr. Adler dienen als Kontrastfiguren zu Fridolin.**

4 Erzähltechnik

Er-Erzähler

Die „Traumnovelle" wird von einem Er-/Sie-Erzähler (Erzählform) erzählt. Dieser Erzähler passt sein Erzählverhalten überwiegend der Struktur der Erzählung mit ihrer unterschiedlichen Figurenpräsenz in den einzelnen Erzählabschnitten an. So wird in den Kapiteln 1 und 7 überwiegend auktorial erzählt, in den Kapiteln 2, 3, 4 und 6 dominiert das personale Erzählen. Erzähltechnisch eine Besonderheit stellt das Kapitel 5 dar, da dieses Kapitel hauptsächlich aus dem Traumbericht Albertines besteht.
In dieser Binnenerzählung tritt Albertine als Ich-Erzählerin auf. Die Erzählperspektive wechselt zwischen Außen- und Innensicht, wobei Fridolin sowohl aus der Außen- als auch aus der Innensicht dargestellt wird, während bei Albertine die Außensicht dominiert.

Zeigt ironisch-distanzierte Erzählhaltung

Die Erzählhaltung zeigt ironisch-distanzierte Züge. Dies liegt zum einen an der Diskrepanz zwischen der eigenen Wahrnehmung von Fridolin und der Außensicht auf diese Figur. Hinzu kommt, dass sich der Erzähler gelegentlich mit Wertungen bzw. Kommentaren einschaltet („... ihr Antlitz hatte er nie gesehen, nur eben einen flüchtigen Schimmer davon erhascht, da er heute Nacht den Tanzsaal verlassen hatte oder, richtiger gesagt, aus dem Saal gejagt worden war.", S. 73)

Darstellungsformen und Figurenrede

Der Erzähler schöpft alle Möglichkeiten der verschiedenen Darstellungsformen aus, wobei der Erzählbericht sowie die szenische Darstellung dominieren, in die immer wieder Beschreibungen von Figuren und Räumen eingeschoben sind. Auffällig ist dabei vor allem, dass sowohl Figuren als auch Handlungsräume oft über ihren Geruch beschrieben werden: Von Marianne geht etwa ein „süßlich fade(r) Geruch" aus (S. 11), während es in Mizzis Zimmer „viel angenehmer roch" (S. 21); auf der geheimen Gesellschaft „umfing ihn" ein „fremdartiger, schwüler Wohlgeruch, wie von südländischen Gärten" (S. 37), während es von dem Gasthof, in dem Nachtigall wohnte, heißt: „Im Flur roch es nach ungelüfteten Betten, schlechtem Fett und Zichorienkaffee." (S. 57)
Bei der Figurenrede dominiert die direkte Rede, ebenfalls häufig greift der Erzähler aber auch auf die Mittel der erlebten Rede („Doch - was sollte er dort?", S. 73) und seltener des inneren Monologes („Ich hätte nicht fortgehen sollen, nicht dürfen. Wo bin ich nun eigentlich?", S. 35) zurück.

Auf einen Blick

- Die Novelle wird von einem Er-/Sie-Erzähler erzählt, der überwiegend ein personales (an der Zentralfigur Fridolin orientiert), oft aber auch ein auktoriales Erzählverhalten zeigt.
- Der Erzähler schaltet sich immer wieder wertend bzw. kommentierend in das Geschehen ein.
- Neben häufiger direkter Rede finden sich auch zahlreiche Passagen in Form vor allem der erlebten Rede und des inneren Monologs (stets bei Fridolin).

5 Aufbau der Handlung, Gattungsfrage

Der Text ist in sieben Kapitel unterteilt und entspricht in seinem Aufbau der klassischen Novellenstruktur: Die Kapitel 1 und 7 bilden einen erzählerischen Rahmen um die Nachterlebnisse von Fridolin und Albertine. Kapitel 1 zeigt das Ehepaar in einer Beziehungskrise, die in Kapitel 7 (zumindest vorläufig) bewältigt ist. Kapitel 2 und 3 beschreiben die verschiedenen Etappen von Fridolins Weg in die Nachwelt, der in seiner Teilnahme an der geheimen Gesellschaft (Kapitel 4) seinen Höhepunkt findet. Dem 4. Kapitel gleichgeordnet ist als zweiter Höhe- und zugleich Wendepunkt Kapitel 5, das in einer Art Binnenerzählung Albertines Traum, also ihre Erlebnisse in der Nachtwelt, enthält. Kapitel 6 entspricht wiederum den Kapiteln 2 und 3, indem gleichsam Fridolins Rückkehr aus der Nachtwelt in sein bürgerliches Leben geschildert wird, hat aber zugleich auch eine retardierende Funktion.

Symmetrischer Aufbau

Der symmetrische Aufbau der Novelle wird dabei auch durch die Handlungsorte und die jeweils vorkommenden Figuren unterstrichen. So spielen die Kapitel 1 und 7 jeweils in der Wohnung von Fridolin und Albertine, im Kapitel 6 sucht Fridolin im Wesentlichen die gleichen Orte auf wie bereits in den Kapiteln 2 und 3. Unter den Figuren kommt dabei aus struktureller Sicht der Tochter von Fridolin und Albertine eine besondere Rolle zu: Das ihr vorgelesene Märchen bildet den Novellenanfang (danach muss sie zu Bett); „ihr helles Kinderlachen von nebenan" zeigt am Ende, dass „der neue Tag begann" (S. 81).

Auf einen Blick

- Symmetrischer (kreisförmiger) Aufbau der Novelle mit den Kapiteln 4 und 5 als erzählerischen Höhepunkten; Kapitel 1 und 7 als Erzählrahmen.
- Erzählstruktur wird durch Handlungsorte und die Figurenpräsenz untermauert

6 Zeit- und Raumgestaltung

Die Handlung spielt im Februar/März (vgl. die Hinweise auf den Fasching S. 31, S. 43 f.) und umfasst den Zeitraum von neun Uhr abends („‚Neun Uhr', sagte der Vater, ‚es ist Zeit, schlafen zu gehen.'", S. 3) bis zum Morgen des übernächsten Tages („… bis es wie jeden Morgen um sieben Uhr an die Zimmertür klopfte", S. 81). Hierbei fällt auf, dass der Erzähler stets genaue Zeitangaben einschaltet, sodass die Abfolge der einzelnen Erzählschritte zeitlich genau nachzuvollziehen ist: Fridolin verlässt seine Wohnung nach 21 Uhr, die von Marianne um ca. 23 Uhr, es folgt die Episode mit Mizzi. Nachtigall trifft er nach Mitternacht („In diesem Augenblick aber, um dreiviertel ein Uhr nachts", S. 26). Von der geheimen Gesellschaft erfährt man, dass sie erst um 2 Uhr beginnt (vgl. S. 28). Um drei Uhr hat Fridolin die Gesellschaft bereits wieder verlassen (vgl. S. 47) und um „vier Uhr morgens" (S. 49) kommt er nach Hause, wo ihm Albertine ihren Traum erzählt. Nach einer kurzen Nachtruhe wird er „um sieben Uhr früh" (S. 57) durch das Klopfen des Dienstmädchens geweckt. Tagsüber besucht Fridolin zum einen Gibiser und das Haus, in dem die geheime Gesellschaft stattgefunden hatte (beides vor dem gemeinsamen Mittagessen mit Albertine und der Tochter), und geht zum anderen seinen Berufspflichten nach, „und so war es sieben Uhr abends geworden, als er vor dem alten Haus in der Schreyvogelgasse stand" (S. 65). Kurz vor „halb acht" (S. 67) verlässt er Marianne und geht erneut zu Mizzi. Sein Kaffeehausbesuch und die sich daran anschließenden Nachforschungen nach der Baronin D. dauern bis etwa Mitternacht, dann besucht Fridolin die Leichenhalle. „(W)ie vierundzwanzig Stunden vorher" (S. 80), also um 4 Uhr, kommt Fridolin schließlich wieder nach Hause.

Parallelität der Zeitgestaltung

Wie der Zeitablauf zeigt, ergeben sich für den Ablauf der beiden Nächte bzw. die frühen Morgenstunden deutliche Parallelen: Jeweils etwa zwischen Mitternacht und vier Uhr kommt er in Kontakt mit der Unbekannten bzw. deren vermeintlichem Leichnam, jeweils um vier Uhr kehrt er nach Hause zurück, wo ein Gespräch mit Albertine folgt.

Handlungsräume als Stimmungs- und Symbolräume

Die Handlungsräume sind im Wesentlichen zugleich Stimmungs- und Symbolräume (vgl. hierzu auch die Hinweise zu den Figuren sowie der Erzähltechnik und der Beschreibung der verschiedenen Gerüche). Deutlich wird dies unter anderem an so auffälligen Handlungsorten wie der Maskenleihanstalt oder der Leichenhalle, aber auch an dem Haus, in dem die geheime Gesellschaft stattfindet. Die erste Anfahrt zu diesem Haus wird folgendermaßen beschrieben: „Plötzlich, mit einem sehr heftigen Ruck, bog der Wagen seitlich ab, und zwischen Gittern, Mauern, Abhängen ging es abwärts wie in eine Schlucht." (S. 35) Als Fridolin am nächsten Morgen das Haus wieder aufsucht, stellt es sich keineswegs so „geheimnisvoll" und verborgen-abgeschottet dar: Die Straße „führte nach abwärts, aber keineswegs so steil, als es ihn nachts im Fahren gedünkt hatte. Eine stille Gasse. In einem Vorgarten standen Rosenstöcke, sorgfältig in Stroh gehüllt, in einem nächsten stand ein Kinderwägelchen" (S. 62), d. h. dass sich das Haus Fridolin nunmehr durchaus in einer vertraut-bürgerlichen Weise darstellt und dadurch seine Nachterlebnisse entzaubert werden.

Auf einen Blick

- Der Ablauf der Handlung lässt sich durch die zahlreichen Zeitangaben recht genau bestimmen. Dabei ergeben sich jeweils für die späten Nacht- bzw. frühen Morgenstunden auffällig Parallelen.
- Wichtige Handlungsräume sind zugleich auch Stimmungs- und Symbolräume.

7 Motivstruktur

Die „Traumnovelle" weist eine sehr dichte Motivstruktur auf, durch die sich durchaus unterschiedliche Deutungsansätze bzw. Deutungsschwerpunkte stützen lassen. Als Beispiel für die motivische Verdichtung sei hier der kurze Märchenausschnitt des Novellenanfangs genannt: Sowohl die dort genannten Sklaven der Galeere als auch der „sternbesäte Nachthimmel" (S. 3) erscheinen später in Albertines Traum (vgl. „Galeerensklaven hatten dich heruntergerudert", „Über uns aber war ein Sternenhimmel so blau und weit gespannt", S. 53). Von den zahlreichen Motiven sind vor allem das Motiv des Todes bzw. der Trauer sowie das Motiv der Maske (Larve, Verkleidung) von zentraler Bedeutung.

Motiv des Todes

Abgesehen von der Tatsache, dass sowohl am Anfang als auch Ende von Fridolins Nachtweg der Kontakt mit einer Leiche steht, er also gewissermaßen über den Tod in das Geschehen hinein- und hinausfindet, wird er fortlaufend an den Tod erinnert bzw. assoziiert ihn: Er selbst wurde von einem diphtheritiskranken Kind angehustet („Und wieder fiel ihm ein, dass er möglicherweise schon den Keim einer Todeskrankheit im Leibe trug.", S. 48), bei seinem ersten Kaffeehausbesuch liest er in der Zeitung von einem Mädchen, das sich vergiftet hat (S. 24), bei Gibiser ist ihm „zumute, als wenn er durch eine Allee von Gehängten schritte" (S. 31), die Kutsche, die ihn zu Gibiser und schließlich zur Gesellschaft bringt, wird mehrfach als „Trauerkutsche" (S. 30 u. a.) bezeichnet, auf der geheimen Gesellschaft droht der Unbekannten Todesgefahr, und in Albertines Traum schließlich hält die Fürstin schon sein „Todesurteil" (S. 54) in der Hand.

Masken-Motiv im Kontrast zum weißen Ärztekittel

Das Masken-Motiv erscheint – wie die Märchenmotive – ebenfalls bereits in der Vorgeschichte der eigentlichen Novellenhandlung: So wird Fridolin schon während seines Ballbesuchs am Vorabend von zwei Dominos angesprochen, „über deren Person er sich nicht klar zu werden vermochte, obzwar sie über allerlei Geschichten aus seiner Studenten- und Spitalzeit auffallend genau Bescheid wussten" (S. 3). Sowohl in der Maskenleihanstalt als auch auf der geheimen Gesellschaft ist es dann zentrales Gestaltungselement. Das Motiv der Maske kann als Sinnbild für Fridolins unterbewusste Triebe verstanden werden, in dieser Funktion steht es im Kontrast zum „weißen Leinenkittel" (S. 48) bzw. zum „weißen Ärztekittel" (S. 60), der sein bürgerliches Leben kennzeichnet. Die Maske als verhüllendes Element kontrastiert aber zugleich auch die Nacktheit der Frauen auf der geheimen Gesellschaft und bietet Fridolin selbst Schutz („Tausendmal schlimmer wäre es ihm erschienen, der Einzige mit unverlarvtem Gesicht unter lauter Masken dazustehen, als plötzlich unter Angekleideten nackt.", S. 42). Insbesondere im 4. und 5. Kapitel stehen aber nicht nur nackt/bekleidet in Opposition, sondern auch hell/dunkel und oben/unten.

Fortschreitende Erwärmung

Symbolischen Charakter hat schließlich die fortschreitende Erwärmung: Während Fridolin und Albertine noch von der Redoute „im Schneegestöber" nach Hause fuhren und „der Schnee noch einen halben Meter hoch in den Straßen (lag)" (S. 14), wird gleich zu Beginn des 2. Kapitel gesagt, dass „plötzlich Tauwetter eingetreten" und „der Schnee auf dem Fußsteig beinahe weggeschmolzen" (S. 11) ist, und schon bei Marianne stellt er fest, dass die Luft „indes noch wärmer und frühlingshafter" (S. 14) geworden ist. Auch am Beginn des 4. Kapitels wird gesagt: „Es war indes noch etwas wärmer geworden. Der laue Wind brachte in die enge Gasse einen Duft von feuchten Wiesen und fernem Bergfrühling" (S. 23). Und auf seiner Fahrt zur geheimen Gesellschaft empfindet Fridolin die Luft gar als „unnatürlich warm" (S. 35).

Auf einen Blick

- Die Novelle weist eine dichte Motivstruktur auf, wobei vor allem Todes- und Maskenmotiv von zentraler Bedeutung sind.

8 Thema der Novelle

Die Novelle behandelt thematisch sowohl eine Ehekrise als auch die verborgenen Triebe und Sehnsüchte von Menschen, wie sie sich unter anderem in Träumen offenbaren.

Ehekrise als Erzählanlass

Auch wenn die Ehekrise angesichts des Titels der Novelle zunächst eher Erzählanlass zu sein scheint, so bleibt doch bemerkenswert, dass - anders als in vielen Erzählungen Schnitzlers - die Figuren (die beiden Ehepartner) etwas aus ihren Erlebnissen gelernt haben und aus der Krise gestärkt hervorgehen, ohne dass eine endgültige Lösung in Aussicht gestellt würde („Niemals in die Zukunft fragen.", S. 81), wenn auch die positiven Erzählsignale überwiegen: „So lagen sie beide schweigend, beide wohl auch ein wenig schlummernd und einander traumlos nah - bis (…) mit den gewohnten Geräuschen von der Straße her, einem sieghaften Lichtstrahl durch den Vorhangspalt und einem hellen Kinderlachen von nebenan der neue Tag begann." (ebd.)

Verwobenheit zwischen Wirklichkeit und Traum

Sigmund Freund hatte 1900 in seinem Werk „Die Traumdeutung" den Traum als Königsweg zum Unterbewussten beschrieben. Bei Schnitzlers Novelle wurde immer wieder die Nähe zur Freud'schen Auffassung hervorgehoben und die psychologische Genauigkeit von Schnitzlers Erzählweise gewürdigt. Auffällig bei Schnitzler ist dabei die enge Verwobenheit zwischen Wirklichkeit und Traum. Nicht nur, dass Fridolin am Ende erkennt, dass kein Traum völlig Traum ist (S. 81), sondern auch seine eigenen - und innerhalb der Erzählwelt wirklichen - Erlebnisse der vergangenen Nächte tragen mitunter traumhafte Züge. So fragt sich Fridolin am Ende der ersten Nacht: „Vielleicht war er krank. Hatte er nicht Fieber? Lag er in diesem Augenblick nicht daheim zu Bett - und all das, was er erlebt zu haben glaubte, waren nichts als Delirien gewesen?!" (S. 48) Am Ende der zweiten Nacht nimmt er sich vor, Albertine alles zu erzählen, „doch so, als wäre alles, was er erlebt, ein Traum gewesen" (S. 80). Und schließlich mischen sich in sein Erleben traumhafte Sequenzen: „Gespenstisch, dachte er. Und auch die Studenten (…) wurden ihm plötzlich gespenstisch in der Erinnerung, ebenso Marianne (…); auch Albertine, die ihm nun im Geist als tief Schlafende, die Arme unter dem Nacken verschränkt vorschwebte - sogar sein Kind (…) -, sie alle waren ihm völlig ins Gespenstische entrückt." (S. 20)

► **Die „Traumnovelle" hat mit der Ehekrise von Fridolin und Albertine sowie dem Traum als Offenbarung des seelischen Lebens ein doppeltes Thema, wobei Fridolin und Albertine aus ihrer Ehekrise gestärkt hervorgehen.**

Analyse/Interpretation „Leutnant Gustl“

1 Kurzinformationen zum Text

Innerer Monolog als zentrales Gestaltungsmittel

Die Novelle „Leutnant Gustl“ (ursprünglich in der Schreibweise „Lieutenant Gustl“) erschien zunächst als Vorabdruck 1900 in der Weihnachtsausgabe (vom 25. Dezember) der renommierten Zeitung „Neue Freie Presse“ in Wien, dann 1901 in Buchform. Die Novelle stieß in Militärkreisen auf Protest und zog für Schnitzler, der Reserveoffizier der k. u. k. Armee war, ein ehrenrätliches Verfahren nach sich, in dessen Folge ihm der Offiziersrang aberkannt wurde. Mit dem k. u. k. Offizier Leutnant Gustl stellt Schnitzler eine epochentypische Figur in den Mittelpunkt seiner Novelle, deren Wertvorstellungen stellvertretend für den inneren Zustand der Wiener Gesellschaft um 1900 stehen und diesen zugleich demaskiert (überkommener Ehrbegriff, Antisemitismus, Autoritätsgläubigkeit, Rolle der Frau u. a.). Einen bleibenden Platz in der Literaturgeschichte nimmt die Novelle als erster Text in der deutschsprachigen Literatur ein, in dem konsequent der innere Monolog als Gestaltungsmittel eingesetzt wurde.

2 Inhalt

Nach einem Konzert kommt es im Gedränge vor der Garderobe zu einer Auseinandersetzung zwischen Leutnant Gustl und einem ihm bekannten Bäckermeister: Ohne ihn zunächst zu erkennen, fährt Gustl den Bäckermeister grob an, worauf dieser den Säbelgriff von Gustl ergreift, ihn einen „dummen Buben“ nennt und ihm droht, den Säbel aus der Scheide zu ziehen und ihn zerbrochen an Gustls Regimentskommando zu schicken, falls dieser nur das geringste Aufsehen mache. Gustl, der dieser Situation nicht gewachsen ist, lässt die Beleidigung über sich ergehen. Nachdem der Bäckermeister gegangen ist, erkennt Gustl, dass er sich in einer ausweglosen Lage befindet. Der Bäckermeister ist nicht satisfaktionsfähig, kann also nicht zum Duell gefordert werden; eine sofortige Reaktion Gustls entsprechend des Offizierskodex hat der Bäckermeister dadurch verhindert, dass er den Säbel fest umklammert hielt, sodass für Gustl, obwohl der Vorfall an sich unbeobachtet blieb, nach dieser Ehrverletzung nur der Selbstmord bleibt. Scheinbar ziellos wandert Gustl vom Konzerthaus durch die Stadt und gelangt schließlich in den Prater, einem Naherholungsgebiet, wo er die Nacht auf einer Parkbank verbringt. Seine Gedanken sowohl auf dem Weg dorthin als auch am frühen Morgen kreisen um den erlebten Vorfall und den notwendig gewordenen Selbstmord, sind aber zugleich durchzogen von Erinnerungen an seine Familie und sein Leben. Ein wirkliches Nachdenken über den von ihm vertretenen Ehrbegriff und sein bisheriges Leben findet jedoch nicht statt. Am frühen Morgen beschließt Gustl, vor seinem Selbstmord noch einmal zu frühstücken. In seinem Stammcafé, das vom Bäckermeister ebenfalls besucht wurde, erfährt Gustl vom Kellner, dass der Bäckermeister einem nächtlichen Schlaganfall erlegen ist. Da mit dem Bäckermeister der einzige Zeuge seiner Ehrverletzung gestorben ist, sieht Gustl keinen Grund mehr, sich selbst zu töten. Bester Laune will er sein bisheriges Leben fortsetzen und noch am selben Tag ein Duell austragen.

Auf einen Blick

- Ehrverletzung Gustls durch einen Bäckermeister, durch die Gustl scheinbar ausweglos zum Selbstmord gezwungen wird.
- Durch den überraschenden Tod des Bäckermeisters kann Gustl sein bisheriges Leben unbeschadet fortsetzen.
- Die Novelle zeigt Leutnant Gustl in einer existentiellen Krise, aus der er glücklich, aber ohne etwas gelernt zu haben, wieder hervortritt.

3 Die Figur Gustl

Der Leutnant als epochentypische Figur

Mit dem Novellentitel ist nicht nur die Hauptfigur schon benannt, sondern in gewisser Weise auch charakterisiert: Es handelt sich um einen niederen Offizier der k. u. k. Armee und mithin um eine epochentypische Figur, die stellvertretend für die Wertvorstellung und den inneren Zustand der im Habsburgerreich führenden Schicht steht (man denke etwa auch an die Figur des Leutnant Carl Joseph von Trotta in Joseph Roths Roman „Radetzkymarsch" oder – ironisch ins Gegenteil verkehrt – an die „Die Abenteuer des braven Soldaten Schwejk" von Jaroslav Hašek). Dass man dabei weder Gustls Nach- noch seinen eigentlichen Vornamen, sondern nur seinen Kosenamen erfährt („Gustl" ist als Verkleinerungsform in Österreich sowohl für „Gustav" als auch für „August" sowie den weiblichen Vornamen Auguste/a verbreitet), deutet bereits an, dass Gustl genau der „dumme Bub" sein könnte, als der er vom Bäckermeister bezeichnet wird (vgl. S. 10).
Gustl ist zum Zeitpunkt der Handlung 23 oder 24 Jahre alt („als kleiner Bub, damals im Wald … aber ich war ja gar nicht so klein … vierzehn oder fünfzehn … Wie lang' ist das jetzt her? – Neun Jahr'", S. 19). Er besuchte zunächst das Gymnasium und sollte Ökonomie studieren (vgl. S. 21 f.), doch musste er das Gymnasium verlassen und ging danach in die Kadettenschule (vgl. „Er hätt' nur noch sagen müssen, dass sie mich aus dem Gymnasium hinausg'schmissen haben und dass ich deswegen in die Kadettenschul' gesteckt worden bin", S. 7 f.). Er schließt die Kadettenschule offenbar planmäßig ab: „freilich – mit achtzehn war ich Stellvertreter, mit zwanzig Leutnant… und im nächsten Jahr werd' ich …" (S. 19) – zu ergänzen wäre „Oberleutnant". Allerdings gehört Gustl nur einem Infanterieregiment an, ein Dienst in der gesellschaftlich höher angesehenen Kavallerie – die Soldaten mussten für den Erwerb und den Unterhalt des Pferdes selbst aufkommen – war aufgrund der beengten finanziellen Verhältnisse der Familie nicht möglich („Schad', dass ich nicht zur Kavallerie gegangen bin … aber das hat der Alte nicht wollen – wär' ein zu teurer Spaß gewesen", S. 23). Gustl stammt dabei offenbar aus einer Beamtenfamilie aus Graz, die sich aber im sozialen Abstieg befindet. Über Gustls Vater erfährt man, dass er unter offenbar kränkenden Umständen frühzeitig in Pension geschickt wurde („Schlecht hat sie ausg'seh'n heuer zu Weihnachten … Na, jetzt wird die Kränkung schon überwunden sein. Ich an ihrer Stelle wär' froh, dass der Papa in Pension gegangen ist.", S. 6); eine Verlobung der 28-jährigen Schwester Klara, zu der Gustl als einzigem Menschen ein innigeres Verhältnis hat (vgl. etwa S. 21 und 33), scheiterte an der fehlenden Mitgift. Hier, so hofft Gustl, wird der reiche Onkel einspringen.
Auch für sich selbst erhofft Gustl, den Spielschulden plagen, finanzielle Hilfe („… der hat Geld wie Mist; (…) aber nein, um jeden Kreuzer muss man extra betteln.", S. 5). Doch der Onkel ist aus gutem Grund zurückhaltend, denn ursprünglich sollte Gustl als Ökonom („Ich hätt' Ökonomie studiert, wär' zum Onkel gegangen …", S. 21) in seinen offenbar großen landwirtschaftlichen Betrieb eintreten, doch scheiterte er bereits auf dem Gymnasium. Und Gustl weiß, dass sein Leben hätte eigentlich anders verlaufen können: „Jetzt wär' ich am End' schon verheiratet, ein liebes, gutes Mädel … vielleicht die Anna, die hat mich so gern gehabt …" (ebd.)

Gustls Sozialneid

Aus diesem Scheitern heraus erklärt sich auch Gustls ausgeprägter Sozialneid, den er gegenüber den Einjährig-Freiwilligen im Besonderen („Manchmal sind's ganz nette Burschen, die Einjährigen … aber sie sollten nur Stellvertreter werden – denn was hat das für einen Sinn? Wir müssen uns jahrelang plagen, und so ein Kerl dient ein Jahr und genau dieselbe Distinktion wie wir …", S. 16) und Akademikern im Allgemeinen („Und da kommt so ein Tintenfisch daher, der sein Lebtag nichts getan hat, als hinter den Büchern gesessen (…)", S. 8) gegenüber empfindet.

Antisemitismus

Sozialneid motiviert wohl auch Gustls offenen Antisemitismus („Überhaupt, dass sie noch immer so viel Juden zu Offizieren machen – da pfeif' ich auf'n ganzen Antisemtismus! (…) na ja, wer hat's Geld?", S. 5). Auch sonst ist die Figur überwiegend negativ gezeichnet, insbesondere weist sie stereotype Merkmale (Umgang mit Frauen, Spielen um Geld bzw. Spielschulden, Langeweile, Ich-Bezogenheit und Aggressivität) auf, entspricht also dem gängigen negativen Bild von jungen Offizieren.

Gustls Haltung zur k. und k. Armee

Auffallend sind dagegen die vielen Widersprüche und die Sprunghaftigkeit von Gustls Gedanken. Einerseits erkennt Gustl seine Abhängigkeit von der Armee („Das ist ja lauter Unsinn mit Amerika und quittieren, und du bist ja viel zu dumm, um was anderes anzufangen.", S. 23) und ergeht und ergibt sich in stereotypen Phrasen („Ehre verloren, alles verloren!", S. 16), die ihn fast in den Selbstmord treiben; andererseits ahnt er zumindest, wie innerlich hohl seine Wertewelt ist: „Neulich ist in der Zeitung gestanden von einem Grafen Runge, der hat fortmüssen wegen einer schmutzigen

Geschichte, und jetzt hat er drüben ein Hotel und pfeift auf den ganzen Schwindel …" (S. 22) Doch, wie oft in Schnitzlers Werken, kann die Figur aus der Krisensituation, in die sie gerät, keine Lehre ziehen bzw. sich entwickeln. So bleibt auch Gustl am Ende der „dumme Bub" des Anfangs.
Die übrigen Figuren der Novelle bleiben farblos und sind allenfalls skizzenhaft gezeichnet.

Auf einen Blick

- Gustl führt ein oberflächliches Leben und ist in der Wertewelt eines brüchigen Ehrbegriffs gefangen; projiziert sein eigenes Versagen als Neid auf andere (Hass auf Juden und Gebildete); weist alle negativen stereotypen Merkmale eines Soldaten auf (Verhältnisse mit Frauen, Spielschulden).

4 Erzähltechnik

Zentrales Gestaltungsmittel innerer Monolog

Die Novelle ist fast ausschließlich als so genannter innerer Monolog gestaltet. Im inneren Monolog werden – im Gegensatz zur erlebten Rede – die Wahrnehmungen und Gedanken einer Person wie in der direkten Rede in der Ich-Form wiedergegeben.
Diese Darstellungsform bedingt, dass man ein Geschehen ausschließlich aus der Sicht der entsprechenden Person vermittelt bekommt. Allerdings ergeben sich im „Leutnant Gustl" durch die inneren Widersprüche und Assoziationen („… eigentlich ein Mordsglück, dass wir nach Wien gekommen sind.", „Meiner Seel', mir ist geradeso, als wenn ich einen Rausch hätt'! Haha! Ein schöner Rausch! Ein Mordsrausch! Ein Selbstmordrausch!", S. 17) immer wieder Situationen, die den Leser zur Eigendeutung anregen; dies gilt auch für die zahlreichen Pünktchen („…"), die zwischen den Gedanken- und Wahrnehmungsfetzen stehen.

Geraffte Erzählweise

Auch wenn insgesamt die Erzählzeit (wiederum durch die Pünktchen) deutlich kürzer ist als die erzählte Zeit (ca. acht Sunden von 21.45 bis 5.45 Uhr), so ist doch festzustellen, dass Gustls innerer Monolog sehr viel ausführlicher ist, als es realistisch ist (mit anderen Worten: so denkt man gewöhnlich nicht), was auch daran liegt, dass Gustl nicht nur seine Umgebung („Das Mädel drüben in der Loge ist sehr hübsch") bzw. die äußeren Vorgänge („Ah, ein Solo!"), sondern auch sein eigenes Verhalten („Ich muss auf die Uhr schauen …", S. 3) beschreibt.

Direkte Reden markieren zentrale Stellen

Unterbrochen wird der innere Monolog an wenigen Stellen durch direkte Reden bzw. wörtliche Redewiedergaben (Zitate); formal sind diese direkten Reden durch Anführungsstriche gekennzeichnet. Von wenigen Ausnahmen abgesehen handelt sich hierbei um zentrale Textstellen: die Wiedergabe der beleidigenden Äußerung des Rechtsanwaltes (als Grund des Duells: „‚Herr Leutnant, Sie werden mir doch zugeben, dass nicht alle Ihre Kameraden zum Militär gegangen sind, ausschließlich um das Vaterland zu verteidigen!' So eine Frechheit!", S. 7), der Dialog zwischen Gustl und dem Bäckermeister (zum Teil kommentiert Gustl seine Äußerungen in Form des inneren Monologs, z. B.: „‚Sie, halten Sie das Maul!' Das hätt' ich nicht sagen sollen, ich war zu grob … Na, jetzt ist's schon g'scheh'n!", S. 10) sowie der Dialog zwischen Gustl und dem Kellner in seinem Stammcafé (wiederum teilweise von Gustl in Form des inneren Monologs kommentiert, z. B.: „‚Was?' … Ich darf nicht so schreien … nein, ich darf mir nichts anmerken lassen … aber vielleicht träum' ich … ich muss ihn noch einmal fragen … ‚Wen hat der Schlag getroffen?' – Famos, famos! – Ganz harmlos hab' ich das gesagt! –", S. 34 f.)

Auf einen Blick

- Novelle fast ausschließlich im inneren Monolog gestaltet, der nicht nur Gedanken im eigentlichen Sinne wiedergibt, sondern auch zahlreiche „beschreibende" Stellen enthält.

5 Aufbau, Zeit- und Raumgestaltung

Klare Zeit und Raumstruktur

Die Novelle weist eine klare Zeit und Raumstruktur auf, durch die sich zugleich deutlich voneinander abgegrenzte Handlungsschritte ergeben: Die Handlung setzt am Abend des 4. April 1900 (vgl. S. 19), es ist der Mittwoch der Karwoche, um ca. 21.45 Uhr („viertel auf zehn", S. 3) in einem Konzerthaus der Wiener Innenstadt ein, also einem Raum von hoher gesellschaftlicher und kultureller Bedeutung. Nach dem Zwischenfall mit dem Bäckermeister im Foyer treibt es Gustl auf die Straße („Was, ich bin schon auf der Straße?", S. 11); er läuft ziellos durch die Stadt („Die Aspernbrücke … Wie weit renn' ich denn noch? –", S. 16), wobei immer wieder genaue Ortsangaben gemacht werden, bis er schließlich tief in der Nacht über die Praterhauptstraße in den Prater gelangt. Der Prater, tagsüber ein Naherholungsgebiet der Stadt und in Teilen (dem so genannten Volksprater) sehr belebt, ist nachts fast menschenleer („Schau, Gustl, du bist doch extra da herunter in den Prater gegangen, mitten in der Nacht, wo dich keine Menschenseele stört …", S. 23). Im Praterwald will sich Gustl schließlich auf einer Bank etwas ausruhen, schläft dann aber – „obdachlos." (S. 24) – ein. Sowohl der menschenleere Ort als auch die Zeit (Mitternacht) symbolisieren die innere Entfernung Gustls von der Gesellschaft (der Prater steht so also im Kontrast zum belebten Konzertsaal). Gleichsam als Gegenbewegung kann Gustls Weg nach seinem Erwachen in der Dämmerung („es dämmert ja schon! – Wie lang hab' ich denn geschlafen? – Muss auf die Uhr schau'n … (…) … Drei …", S. 25) gesehen werden. Über den Nordbahnhof bewegt er sich wieder Richtung Innenstadt und gelangt schließlich in „sein" Kaffeehaus, das gerade öffnet („Da ist ja mein Kaffeehaus … auskehren tun sie noch … Na, gehen wir hinein …", S. 33).

Ein Sonderfall auf dem Rückweg in die Innenstadt stellt dabei Gustls kurzer Kirchenbesuch dar.

Kaffeehaus als kultureller Ort

Das Kaffeehaus ist im Wien der Jahrhundertwende (und bis hinein in die Dreißigerjahre) eine den Konzertsälen durchaus vergleichbare kulturelle Institution (der Literaturzirkel *Jung*(*es*) *Wien* etwa hatte seinen Treffpunkt im Café Griensteidl): Während jedoch sowohl Gustl als auch der Bäckermeister im Konzertsaal leicht deplatziert wirken (Gustl kann ein Oratorium nicht von einer Messe unterscheiden, vgl. S. 3), sind sie im Kaffeehaus gewissermaßen heimisch (nicht nur Gustl ist dort Stammgast, der Bäckermeister Habetswallner hat dort jeden Nachmittag seine Tarockpartie), weshalb der Kellner Gustl denn auch vom unerwarteten Tod eines anderen Stammgastes erzählt. Nach dieser für Gustl freudigen Nachricht ist er, nachdem er die vergangenen acht Stunden (von 21.45 Uhr bis 05.45 Uhr) ziellos umherzog und nicht Herr seiner Zeit war, nun wieder in der Lage, Zeiten und Orte seines künftigen Handelns zu bestimmen („in einer Viertelstunde geh' ich hinüber in die Kasern' (…) Und nachmittag um vier … na wart', mein Lieber, wart' mein Lieber! Ich bin grad gut aufgelegt … Dich hau ich zu Krenfleisch!", S. 36).

Kreisförmiger Aufbau der Novelle

Der kreisförmige Aufbau der Novelle – vom gesellschaftlichen Leben der Innenstadt in den Prater und zurück – zeigt sich auch in einer Vielzahl von Vorausdeutungen, die, wie das letzte Zitat zeigt, sowohl vom Anfang auf den Schluss verweisen (vgl. mit Blick auf das bevorstehende Duell etwa: „Ja, übermorgen bin ich vielleicht schon eine tote Leiche! Ah, Unsinn, das glaub' ich selber nicht! …", S. 13 f.) als auch eine Verbindung zwischen Teilabschnitten herstellen: Etwa ermahnt sich Gustl während des Konzertes selbst zur Geduld („Also Geduld, Geduld!", S. 3); als ihn jedoch der Bäckermeister im Foyer ebenfalls zur Geduld ermahnt („Geduld, Geduld! (…) Nur ein bisserl Geduld!", S. 9), verliert Gustl die Beherrschung, weshalb es überhaupt zu dem Konflikt mit dem Bäckermeister kommt.

Auf einen Blick

- Kreisform der Novelle: Handlung setzt an einem belebten Ort in der Innenstadt und führt über den Prater, an dem Gustl sich zugleich innerlich am weitesten von seinem bisherigen Leben entfernt hat, wieder in die Innenstadt zurück.
- Die Novelle ist durch eine ausgeprägte Verweisstruktur gekennzeichnet und enthält insbesondere viele Vorausdeutungen.

6 Thema der Novelle

Zentrales Thema der Ehrverletzung

Das zentrale Thema der Novelle ist die Ehrverletzung eines Offiziers durch einen Zivilisten und die sich daraus ergebenden Konsequenzen. Schnitzler hat dabei die Situation für Gustl ausweglos gestaltet. Die Ehrverletzung erfolgt durch eine nicht satisfaktionsfähige Person, die nach dem Ehrenkodex für Offiziere geforderte Konsequenz einer Ehrverletzung wäre der sofortige Gebrauch der aktuell verfügbaren Waffe, hier also des Säbels, gewesen, d.h. Gustl hätte den Bäcker im schönsten Einklang mit dem militärischen Ehrenkodex erschlagen dürfen. Dieses Mittel bleibt Gustl aber verwehrt, da der Bäckermeister den Säbelgriff fest umklammert hält („Warum geh' ich denn nicht hin und hau' ihm den Schädel auseinander? … Nein, es geht ja nicht, es geht ja nicht … gleich hätt' ich's tun müssen … Warum hab' ich's denn nicht gleich getan? … Ich hab's ja nicht können …", S. 11). Ironischerweise erfolgt dabei die Ehrverletzung nicht nur durch die Beschimpfung „dummer Bub", sondern gerade auch durch die Drohung: „Herr Leutnant, wenn Sie das geringste Aufsehen machen, so zieh' ich den Säbel aus der Scheide, zerbrech' ihn und schick' die Stück' an Ihr Regimentskommando." (S. 10)

Säbel als Symbol der Ehre

Der Säbel symbolisiert so die Ehre Gustls, die zu zerbrechen droht bzw. die der Bäckermeister fest im Griff hat (im Text bekommt der Säbel darüber hinaus auch noch eine sexuelle Bedeutung: „Nachmittag haben wir uns nackt aufs Bett hingelegt. – Einmal ist plötzlich der Wiesner zu mir hereingekommen; ich muss grad geträumt haben und steh' auf und zieh' den Säbel, der neben mir liegt … muss gut ausg'schaut haben … der Wiesner hat sich halbtot gelacht –", S. 23). Aufgrund dieser Situation bleiben Gustl nun nur drei Möglichkeiten: Er muss aus dem Dienst scheiden, entweder unehrenhaft durch Quittierung des Dienstes, ehrenhaft durch Selbstmord; schließlich kann er – notgedrungen unehrenhaft – trotz der Ehrverletzung im Dienst verbleiben, da ja die Ehrverletzung von Dritten unbemerkt geblieben ist. Die letzte Möglichkeit verwirft Gustl zunächst: „Kein Mensch weiß was, kein Mensch weiß was! – Es laufen viele herum, denen ärgere Sachen passiert sind (…) Heiliger Himmel, es ist doch ganz egal, ob ein anderer was weiß! … ich weiß es doch, und das ist die Hauptsache!" (S. 13) Es charakterisiert Gustl und die Brüchigkeit seines Ehrbegriffs, dass er durch den Tod des Bäckermeisters die Situation verändert findet: „Tot ist er – tot ist er! Keiner weiß was, und nichts ist g'scheh'n!" (S. 36)

Motive des Duells und der Ehe

Das Thema Ehre spiegelt sich dabei im Motiv des Duells, das – wie das Motiv der Ehe (vgl. „Hat schon etwas für sich, so immer gleich ein hübsches Weiberl zu Haus vorrätig zu haben …"; S. 8) – stellvertretend für die bürgerliche Norm- und Wertewelt um 1900 steht. Nicht nur Arthur Schnitzler hat es vielfach gestaltet; es findet sich etwa auch in Thomas Manns „Zauberberg" (1924) oder in Theodor Fontanes „Effi Briest" (1896). Gustl hat einen Anwalt, der am Beweggrund der Vaterlandsliebe bei der Wahl des Offiziersberufes vorsichtig gezweifelt hatte, zu einem Duell gefordert, was ihm nicht nur richtig erscheint, sondern ihm auch beruflich von Nutzen sein dürfte: „Aber ich hab' mich famos benommen; der Oberst sagt auch, es war absolut korrekt. Wird mir überhaupt nützen, die Sache. Ich kenn' manche, die den Burschen hätten durchschlüpfen lassen." (S. 7) Gustl weist sich durch diese Duellforderung also als konsequenter Verfechter zumindest der militärischen Ordnung seiner Zeit aus. Das Motiv ist dabei von Schnitzler geradezu paradox gestaltet worden, indem nämlich der Bäckermeister, der Gustl körperlich überlegen ist und ihn wirklich beleidigt, als nicht satisfaktionsfähig gilt, während der Rechtsanwalt, der – wie Gustls eigene Biografie beweist – nur die Wahrheit ausspricht und gegen Gustl im Zweikampf deutlich benachteiligt sein dürfte, sich mit Gustl schlagen bzw. sich von ihm zu „Krenfleisch" (vgl. S. 36) schlagen lassen muss.

Brüchigkeit des religiösen Fundaments

Auch wenn das Thema Ehre im Zentrum der Novelle steht, sollte nicht unbeachtet bleiben, dass durch Gustls Kirchgang (vgl. S. 30) zumindest episodenhaft auch das Thema Religion – und damit neben dem Militär und dem männlich-autoritären Familiensystem ein weiterer Eckpfeiler der Wertewelt des Habsburgerreiches – angesprochen wird. Während des kurzen Besuchs der Kirche wird deutlich, dass auch die Religion bzw. der Glaube für die meisten Menschen sinnentleert geworden ist („Na, geh'n wir hinein – schaden kann's ja nicht!", „Die Leut', die eine Religion haben, sind doch besser d'ran …", ebd.).

Paulus-Motiv

Der Kirchenbesuch Gustls ist noch aus einem weiteren Grund für das tiefere Verständnis der Novelle von zentraler Bedeutung: „Aufsteh'n! – Woran erinnert mich nur diese Melodie? – Heiliger Himmel! Gestern Abend!" (ebd.) „Gestern Abend" hatte Gustl das Oratorium „Paulus" von Mendelssohn-Bartholdy gehört, in dem nicht nur die Wandlung der Titelgestalt vom Saulus zum Paulus thematisiert, sondern auch das bekannte Kirchenlied „Wachet auf, ruft uns die Stimme", in dem die direkte Aufforderung

„Steht auf" formuliert ist, sowohl in der Ouvertüre als auch in einem Choral verarbeitet wird. Es zeugt dabei von geradezu grotesker Komik, dass sich Gustl an den im Konzertsaal anwesenden Juden stört („O, diese Nase! - Jüdin ... Noch eine ... Es ist doch fabelhaft, da sind auch die Hälfte Juden ... nicht einmal ein Oratorium kann man in Ruhe genießen ...", S. 9), während er die Musik des jüdischen Komponisten Mendelssohn-Bartholdy (1809-1847) gerade nicht genießt, sondern sich vielmehr langweilt; bedeutsam ist auch, dass sich Gustl - anders als Saulus - gerade nicht als zur Wandlung fähig erweist.

Auf einen Blick

- „Leutnant Gustl" thematisiert Brüchigkeit des Ehrbegriffs in der k. u. k. Zeit.
- Duell als zentrales Motiv, das – wie das Thema Religion – auf die Brüchigkeit des Wertesystems verweist.

7 Zum Autor

Epochenzentrum Wien

Arthur Schnitzlers (1862–1931) Leben und Werk sind zentral mit dem Epochenzentrum Wien und der Zeit des Fin de Siècle verbunden. Schnitzler hat fast sein ganzes Leben in seiner Geburtsstadt verbracht, schöpfte die Themen seines Schreibens aus der sozialen und politischen Situation der Stadt und beschrieb so, wie die führende Wiener Gesellschaft (Adel, Militär und Großbürgertum) um die Jahrhundertwende an ihren inneren Widersprüchen zerbrach. Äußeres Kennzeichen dieser Verwurzelung sind die oftmals dialektal gefärbte Sprache und die präzisen Ortsangaben in seinen Werken, die es - wie im „Leutnant Gustl" - zum Beispiel erlauben, den Weg einer Figur mithilfe eines Stadtplanes genau zu rekonstruieren.

Prägung durch das Elternhaus

Auch Schnitzlers Herkunft im engeren Sinne war prägend für sein Werk. Er entstammte einem großbürgerlichen Hause, sein Vater war ein bekannter Professor für Medizin und Direktor der Allgemeinen Wiener Poliklinik. Schnitzler selbst studierte ebenfalls Medizin und führte später eine Privatpraxis, die er auch dann nicht aufgab, als er schon längst als Schriftsteller etabliert und bekannt war. Als Arzt beschäftigte sich Schnitzler unter anderem mit Hypnose und Suggestion und war mit den Arbeiten Sigmund Freuds vertraut, der seinerseits in Schnitzlers Arbeiten die psychologische Schärfe und Tiefe der Darstellung bewunderte. Prägend war sein Elternhaus aber auch in einem zweiten Sinne: Schnitzler war jüdischer Abstammung; und obwohl sein Elterhaus stark assimiliert war, war Schnitzler zeit seines Lebens starken antisemitischen Anfeindungen ausgesetzt. Begünstigt nicht zuletzt durch äußere Skandale wie der Aberkennung seines Offiziersrangs - Schnitzler war 1882/83 Einjährig-Freiwilliger und besaß den Rang eines Oberarztes - nach einem ehrenrätlichen Verfahren 1901 wegen der Veröffentlichung der Novelle „Leutnant Gustl". In der Urteilsbegründung hieß es, er habe mit dem Text „die Ehre und das Ansehen der oesterr. ung. Armee geschädigt und herabgesetzt".

Literaturzirkel *Jung Wien*

Als Erzähler steht Schnitzler, der dem Literaturzirkel Jung(es) Wien um Hermann Bahr und Hugo von Hofmannsthal angehörte, zwischen dem Realismus des 19. Jahrhunderts und der modernen Erzähltechnik etwa von Marcel Proust oder James Jocye. Erstmals in der deutschsprachigen Literatur setzte er im „Leutnant Gustl" konsequent den inneren Monolog als Gestaltungsmittel ein. Während er in seinem dramatischen Schaffen zunächst noch dem naturalistischen Tendenzstück verbunden war, konzentrierte er sich in seinem Werk zunehmend auf die unvoreingenommene Analyse des Verhaltens seiner Figuren, die er psychologisch genau und oft mit skeptischer Ironie zeichnete. Thematisch steht in fast allen Erzählungen - eine Ausnahme bildet hier die „Traumnovelle" - die existentielle Krise eines Menschen im Mittelpunkt, aus der jedoch meist ungeläutert hervorgeht.

8 Die Werke in ihrer Epoche

Das Wien der Jahrhundertwende ist ein geistiges Epochenzentrum, das von durchaus unterschiedlichen Charakteren und Strömungen – gerade auch außerhalb der Literatur – geprägt wird: Man denke an Arnold Schönberg und Gustav Mahler in der Musik, Oskar Kokoschka und Egon Schiele in der Malerei oder an die Psychoanalyse Sigmunds Freuds. Auch innerhalb der Literatur finden sich zahlreiche Persönlichkeiten, die sich aber gerade nicht unter einem literaturgeschichtlichen Etikett zusammenfassen lassen: Man denke – neben Schnitzler selbst – an so unterschiedliche Schriftsteller wie Karl Kraus, Robert Musil oder Hugo von Hofmannsthal. Das vielfältige geistige Leben der Zeit wird denn auch mit ganz unterschiedlichen Begriffen zu fassen gesucht, die jeweils einen anderen Schwerpunkt setzen: Wiener Moderne, Dekadenz oder Fin de Siècle.

Epochentypisch ist die Novelle „Leutnant Gustl" aber gleichwohl, indem sie von jenem deutlichen Gefühl (wenn nicht Erkenntnis) geprägt ist, dass die Welt vor einem grundlegenden Wandel steht und man sich, so der Ausdruck Fin de Siècle, am Ende eines Zeitalters befinde. Die Charakterisierung der Normen und Werte der Wiener Gesellschaft im „Leutnant Gustl" ist denn auch weniger als Kritik, sondern als Diagnose (dies durchaus im medizinischen Sinne: eines Krankheitsbildes) zu verstehen.

Literarischer Impressionismus

Innerhalb der Literaturgeschichte wird die Novelle „Leutnant Gustl" im Allgemeinen dem literarischen Impressionismus zugerechnet (genau genommen ist sie das typische Beispiel dieser nicht unumstrittenen „Epoche"). Als theoretische Beschreibung des Impressionismus gilt dabei das Werk „Die Analyse der Empfindungen" (1886) des Wiener Physikers und Philosophen Ernst Mach, in dem er darstellt, dass die Geschlossenheit des „Ich" („Das Ich ist unrettbar") verloren gegangen sei. Das menschliche Ich sei vielmehr nur von relativer Beständigkeit, da es immer wieder von neuen und anderen Erfahrungen (und Gefühlen, Erinnerungen usw.) geprägt werde. Dementsprechend ist das beobachtende, fühlende, verschiedenen Stimmungen unterworfene usw. Ich auch die erzählerische Wahrnehmungsinstanz, am deutlichsten ausgeprägt im inneren Monolog, in dem eben jene ständig wechselnden Empfindungen, Reize usw. aneinandergereiht werden können. Dieses „impressionistische Menschenbild" wird dabei von zahlreichen Gestalten Schnitzlers verkörpert.

Obwohl ein Spätwerk Schnitzlers, wird die „Traumnovelle" ebenfalls allgemein noch der Wiener Moderne bzw. – dies auch wegen der Erzähltechnik bzw. der Figurengestaltung – dem literarischen Impressionismus zugerechnet, ohne indes aufgrund des späten Erscheinungsdatums (die Novelle erschien 1926) in die eigentliche Epochenzeit von 1890 bis 1920 zu fallen. Auch wenn in der „Traumnovelle" der Zeitpunkt der Handlung nicht benannt wird, so scheint sie doch eher in die Zeit vor dem Ersten Weltkrieg zu fallen (vgl. Fridolins Vermutungen über die Urheber der geheimen Gesellschaft: „Aristokraten, vielleicht gar Herren vom Hof?", S. 61; nach dem Ersten Weltkrieg kam es zur Auflösung der Donaumonarchie und damit des „Hofs").

Auf einen Blick

- In der Novelle wird – typisch für die Zeit des Fin de Siècle – der Zustand einer im Verfall begriffenen Gesellschaft geschildert.
- „Leutnant Gustl" zählt zum literarischen Impressionismus, für den die Aneinanderreihung von Wahrnehmungen und Stimmungen – häufig in Form von inneren Monologen – typisch ist.

Erzählform

Der Autor wählt mit dem Erzähler auch eine bestimmte Erzählform (Er-/Sie-Erzähler oder Ich-Erzähler).

Erzählverhalten

Beim **auktorialen** Erzählverhalten hat der Erzähler einen Überblick über das Geschehen und das Innere der Figuren (allwissender Erzähler). Er kann sich einmischen, kommentieren usw. und damit die Sicht- und Wahrnehmungsweise des Erzählten durch den Leser lenken. Sein Standort liegt außerhalb des Geschehens.
Beim **personalen** Erzählverhalten übernimmt der Erzähler eine Figurenperspektive und erzählt aus deren Sicht. Er ist am Geschehen unmittelbar beteiligt.
Sowohl der Er-/Sie-Erzähler als auch der Ich-Erzähler können jeweils auktorial oder personal erzählen.
Beim **neutralen** Erzählverhalten scheint der Erzähler ganz zu verschwinden. Das Geschehen wird dem Leser scheinbar unvermittelt vor Augen gestellt.

Erzählperspektive

Die Erzählperspektive ist die Position des Erzählers (Blickwinkel) gegenüber den von ihm erzählten Geschehnissen (Nähe, Abstand/Distanz). Diese können aus der Innen- oder Außenperspektive erzählt werden.

Erzählhaltung

Die Erzählhaltung ist die Einstellung, mit der der Erzähler dem Leser die fiktionale Welt vermittelt (sachlich, ironisch, humorvoll, kritisch, melancholisch, …).
Diese wirkt sich auf die Art der Darstellung und die Sprachverwendung aus.

Darstellungsformen

Der Erzähler verfügt über unterschiedliche Darstellungsformen, um dem Leser das Geschehen zu präsentieren. Er kann selbst erzählen, oder aber er lässt seine Figuren sprechen, z. B. in direkter oder indirekter Rede, in „Erlebter Rede" oder „Innerem Monolog".

Erzähler	Figuren (Personen)
Bericht: straffe, geraffte Darstellung der Handlung in zeitlicher Abfolge	**Direkte Rede**
Beschreibung: anschauliche Darstellung z. B. von Schauplätzen, Figuren, Gegenständen	**Indirekte Rede**
Szenische Darstellung: breite Erzählweise, meistens mit erzählter Figurenrede und Entfaltung der Situation (vgl. Szene im Drama)	**Erlebte Rede:** Wiedergabe von Gedanken und Gefühlen einer Figur in der 3. Person (ohne direkte oder indirekte Rede)
Kommentar: Eingreifen des Erzählers mit Bemerkungen, Urteilen oder Überlegungen	**Innerer Monolog:** Wiedergabe von Gedanken und Gefühlen einer Figur in der 1. Person

Spickzettel

zum Klausurtraining
„Traumnovelle / Leutnant Gustl"

Prüfungsanforderungen

„Traumnovelle" „Leutnant Gustl" – Wichtiges in aller Kürze

Analyse epischer Texte

- Erschließungsaspekte Epik
- Fachbegriffe Epik
- Arbeitsschritte Interpretationsaufsatz

Arbeitsschritte Interpretationsaufsatz

1. Arbeitsschritt:
Erstes Textverständnis/ Verstehenshypothese formulieren

↓

2. Arbeitsschritt:
Text aspektorientiert erschließen

↓

3. Arbeitsschritt:
These(n) zur Textdeutung formulieren

↓

4. Arbeitsschritt:
Gliederung erstellen

↓

5. Arbeitsschritt:
Klausur schreiben

↓

6. Arbeitsschritt:
Klausur überarbeiten

Anforderungen

1 Anforderungsbereiche

Die von Ihnen erwarteten Leistungen bei der Lösung einer Prüfungsaufgabe/einer Aufgabenstellung sind in der Regel drei Anforderungsbereichen (AFB) zugeordnet.

Anforderungsbereich I (AFB I): Reproduktion

- Den Inhalt eines eher einfachen Textes oder fachlichen Sachverhalts eigenständig wiedergeben
- Textart, Aufbau und Strukturelemente eines Textes unter Verwendung fachspezifischer Begriffe (Fachbegriffe, Fachterminologie) erkennen und bestimmen
- Fachspezifische Kenntnisse und Methoden in die Darstellung einbringen
- Teilergebnisse sinnvoll ordnen und verknüpfen
- Ergebnisse sprachlich angemessen formulieren
- Richtig zitieren

Anforderungsbereich II (AFB II): Reorganisation und Transfer

- Den Inhalt eines schwierigen Textes oder Sachverhalts eigenständig zusammenfassen
- Die Struktur eines Textes erfassen
- Die Argumentation eines Textes beschreiben

Typen des Romans

Man unterscheidet die Romane teils nach Stoffen und Themen, z. B.
- Kriminalroman
- Abenteuerroman
- historischer Roman
- Künstlerroman
- Eheroman
- Bildungsroman

teils nach der Form
- Briefroman
- Tagebuchroman
- Ich-/Er-Roman

Fachbegriffe Epik

Erzähler

Der Erzähler in epischen Texten ist nicht mit dem Autor identisch. Vielmehr „erfindet" oder „wählt" der Autor den Erzähler (die Erzählerfigur, die Erzählform), der gleichsam zwischen Autor und Lesern vermittelt und den Lesen die „erzählte Welt", die fiktive Geschichte mit ihren Figuren, dem Raum und der Zeit, der Handlung präsentiert. Die Präsenz und Aktivität der Erzählerrolle hängt eng zusammen mit der **Erzählstrategie**, d. h. der bewussten Verwendung der verschiedenen Gestaltungsmittel und Techniken des Erzählens.

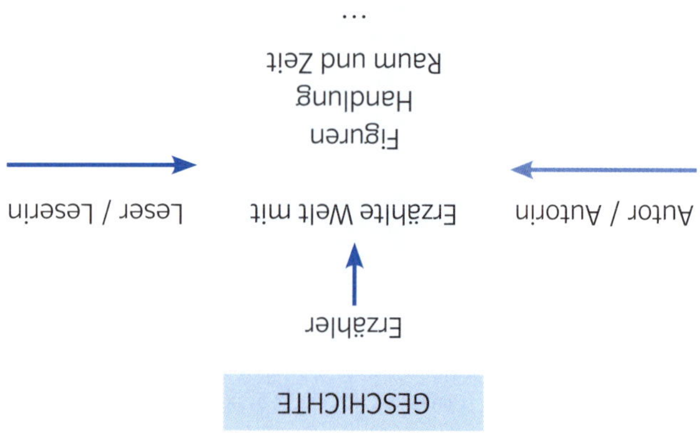

Handlung

Der Autor gestaltet in seinem erzählenden Text einen **Stoff**, der ihm als Ausgangs- und Rohmaterial dient (geschichtlicher Stoff, Kriminalfall, Liebesgeschichte, ...). Die Ereignisse „komponiert" der Autor, d. h. er verknüpft sie zu einem sinnvollen Zusammenhang mit Anfang und Ende und sich schlüssig auseinander entwickelnden Geschehnissen. Dieses durch **Komposition** gestaltete Gesamtgeschehen nennt man **Handlung**. Von den Mythen bis zu Geschichten in Filmen haben sich in der kulturellen Entwicklung bestimmte **Handlungsmuster** herausgebildet, die Autoren aufgreifen und umgestalten (Liebestragödie, Rettung der Welt von dem Bösen, abenteuerliche Reise des Helden, Figuren in Konflikten, Road Movie, ...). Sie hängen eng mit den verschiedenen **Erzählgenres** zusammen.

Man kann unterscheiden zwischen
- **Haupthandlung und Nebenhandlung(en)**,
- **Rahmen- und Binnenhandlung**
- **äußerer Handlung** (äußere Ereignisse) **und innerer Handlung** (Inneres der Figuren)

Die Handlung kann strukturiert sein:
- durch die zeitliche Abfolge der Ereignisse (z. B. synchron – diachron; kontinuierlich – diskontinuierlich)

Erschließungsaspekte Epik

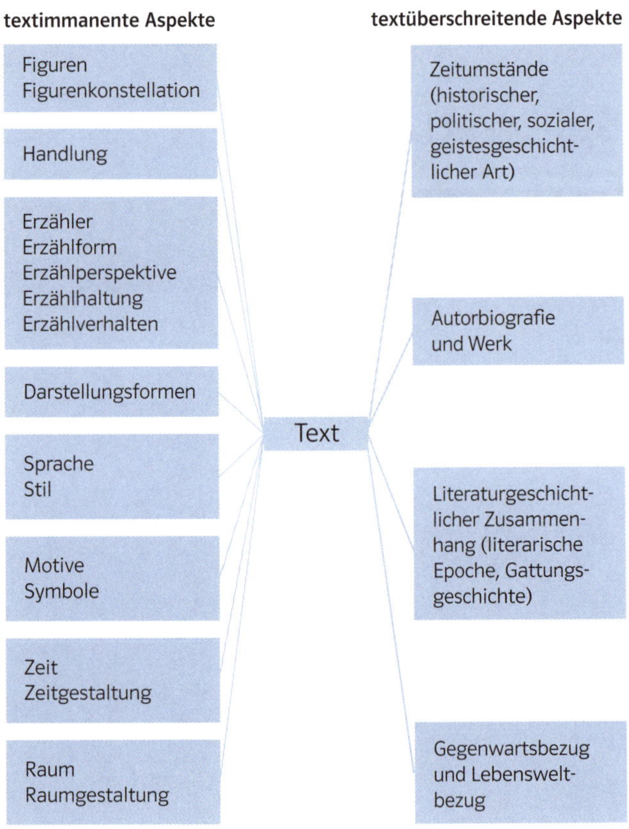

- durch die Handlungsstränge (einsträngig/linear – mehrsträngig, verflochten)
- durch ein oder mehrere Motive (wiederkehrende thematische Elemente)
- andere erkennbare formale Strukturen (Spiegelungen, Kreisform, Simultaneität, montagehaft, multiperspektivisch, …)

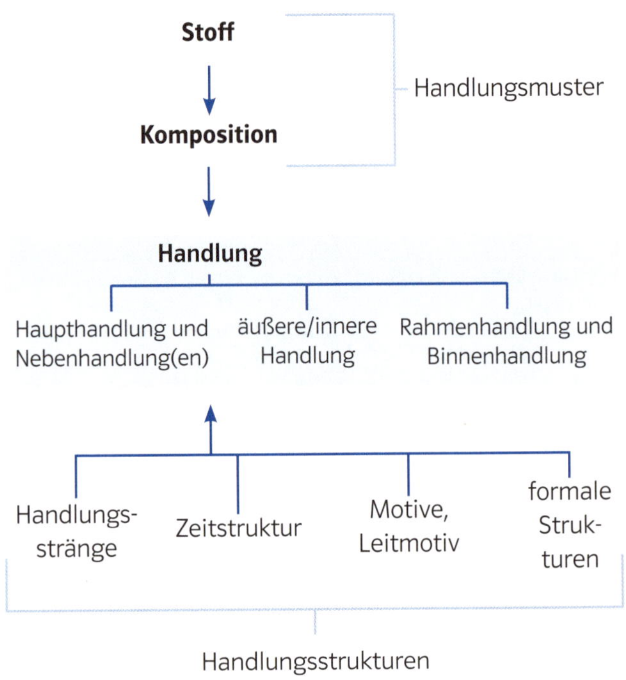

Merkmale des Romans

- eine erzählende Großform von mindestens hundert bis zu mehreren hundert Seiten, also wesentlich umfangreicher als epische Kleinformen wie z. B. Kurzgeschichte, Kalendergeschichte, Parabel, Novelle usw.
- meistens „mehrsträngige" **Handlung**, also mehrere, miteinander verflochtene Erzählstränge mit verschiedenen Schauplätzen und Zeiten
- reichhaltiges und meist durch vielfältige Beziehungen (z. B. Liebe, Neid, Eifersucht, Hass, Rachedurst, Hilfsbereitschaft, …) miteinander verknüpfte **Figuren**
- **Figurenkonstellation** oft gekennzeichnet durch Grundmuster wie z. B. den „Helden" oder die „Mittelpunktsfigur", „Spieler und Gegenspieler" oder ein „Dreiecksverhältnis"
- Entfaltung eines **breiten Wirklichkeitsausschnitts**, z. B. einer bestimmten geschichtlich-gesellschaftlichen Situation, die sich in den Beziehungen der Figuren spiegelt

- Wortschatz, Satzbau und poetische Mittel eines Textes auf ihre Funktion und Wirkung hin untersuchen
- Aus dem Unterricht bekannte gestalterische Verfahren funktionsgerecht verwenden
- Aus dem Unterricht bekannte Untersuchungsmethoden auf vergleichbare neue Gegenstände anwenden
- Für eine literarische Epoche charakteristische Erscheinungen in einem Text aufzeigen

Anforderungsbereich III (AFB III) : Reflexion und Problemlösung

- Intentionen und Wirkungsmöglichkeiten eines Textes ermitteln und beurteilen
- Die in einem Text vertretene Position in umfassendere theoretische Zusammenhänge einordnen
- Aus den Ergebnissen einer Textanalyse Schlüsse ziehen
- Bei gestalterischen Aufgaben selbständige und zugleich textangemessene Lösungen erarbeiten
- Die eigene Gestaltung reflektieren, erläutern und begründen
- Fachspezifische Sachverhalte begründet werten und einen Standpunkt argumentativ vertreten
- Hypothesen aufstellen und überprüfen
- Eine eigene Konzeption für die Bearbeitung einer komplexen Aufgabe entwickeln

Figuren

Der Erzähler kann seine Figuren (Personen) auf vielfältige Weise gestalten, er kann sie z. B. **direkt** charakterisieren (beschreibend oder wertend) oder eine Figur eine andere (direkt) charakterisieren lassen; er kann sie auch **indirekt** charakterisieren, so dass sich der Leser/die Leserin aus dem Verhalten und den Äußerungen der Figur selbst ein Bild von dessen Charakter machen muss. Der Gestaltung einer Figur liegt eine bestimmte **Figurenkonzeption** zugrunde: Figuren können gestaltet sein als Typen, individuelle Charaktere, statisch oder dynamisch (Entwicklung) etc.

direktes Charakterisieren einer Figur	durch den Erzähler durch eine andere Figur durch die Figur selbst
indirektes Charakterisieren einer Figur	durch die Art der Darstellung, aus der der Leser Rückschlüsse auf Eigenschaften etc. der Figur zieht

Aspekte der Charakterisierung können sein:

das äußere Erscheinungsbild	Alter, Aussehen, Kleidung, …
das äußere Verhalten	Sprechweise, Mimik und Gestik, Gebärdensprache, Handeln, …
die innere Einstellung	Interessen, Absichten, Gedanken, Gefühle, …
die Lebensumstände	das gesellschaftliche Umfeld, Beruf, ökonomische Lage, …

Spickzettel

zum Klausurtraining „Traumnovelle / Leutnant Gustl"

Analyse epischer Texte

Spickzettel

zum Klausurtraining „Traumnovelle / Leutnant Gustl"

„Traumnovelle" „Leutnant Gustl" – Wichtiges in aller Kürze

Epische Genres

Der Autor wählt mit dem Erzähler auch die epische Form oder die **Erzählgattung**, in der er das Geschehen präsentieren will, z. B.

- Roman
- Novelle
- Parabel
- Kurzgeschichte

Diese Formen unterscheiden sich nach Länge, Struktur, typischer Thematik und epochenspezifischer Verbreitung. So entstand z. B. der Typ des „Bildungsromans" im 18. Jahrhundert, die Novelle hatte im 19. Jahrhundert (Realismus) einen Höhepunkt, die Kurzgeschichte wurde in Deutschland erst nach dem 2. Weltkrieg verbreitet.

„Traumnovelle“ – in aller Kürze

Die Novelle galt in der literaturwissenschaftlichen Rezeption von Anfang an als Beleg der Auseinandersetzung Schnitzlers mit der Tiefenpsychologie Sigmund Freuds und wurde entsprechend interpretiert. Darüber hinaus regt die „Traumnovelle“ bis heute aufgrund der dichten Motiv- und Symbolstruktur immer wieder zu den verschiedensten Deutungen an.

Thema

Die „Traumnovelle“ hat mit der Ehekrise von Fridolin und Albertine sowie dem Traum als Offenbarung des seelischen Lebens ein doppeltes Thema, wobei Fridolin und Albertine aus ihrer Ehekrise gestärkt hervorgehen.

Aufbau

Der Text ist in sieben Kapitel unterteilt und entspricht in seinem Aufbau der klassischen Novellenstruktur: Die Kapitel 1 und 7 bilden einen erzählerischen Rahmen um die Nachterlebnisse von Fridolin und Albertine. Kapitel 1 zeigt das Ehepaar in einer Beziehungskrise, die in Kapitel 7 (zumindest vorläufig) bewältigt ist. Kapitel 2 und 3 beschreiben die verschiedenen Etappen von Fridolins Weg in die Nachwelt, der in seiner Teilnahme an der geheimen Gesellschaft (Kapitel 4) seinen Höhepunkt findet. Dem 4. Kapitel gleichgeordnet ist als zweiter Höhe- und

innerlich am weitesten von seinem bisherigen Leben entfernt, wieder in die Innenstadt zurück. Zentrales Gestaltungsmittel ist die nahezu durchgängige Verwendung des inneren Monologs, wodurch der Leser das Geschehen weitgehend aus der Sicht von Gustl wahrnimmt.

Figur

Gustl ist zum Erzählzeitpunkt 23 oder 24 Jahre alt. Als Leutnant der k.u.k. Armee führt er ein oberflächliches Leben und ist in der Wertewelt eines brüchigen Ehrbegriffs gefangen. Sein eigenes Versagen projiziert er als Neid auf andere (Hass auf Juden und Gebildete) und weist alle negativen stereotypen Merkmale eines Soldaten auf (viele Verhältnisse mit Frauen, Spielschulden).

Figurenkonstellation

Der Erzähler plant auch die Beziehungen zwischen den Figuren sorgfältig, so dass man diese in einem Figurenkonstellationsschema abbilden kann. Es gibt **Haupt- und Nebenfiguren**. Dabei kommen Grundkonstellationen immer wieder vor:

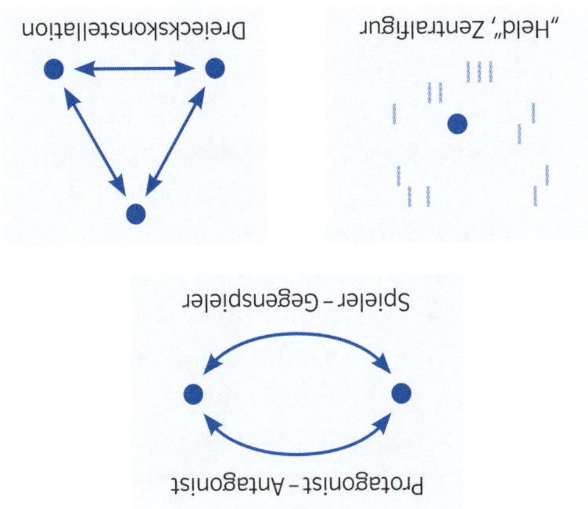

Raum/Raumgestaltung

Der Erzähler kann den Schauplatz oder „Raum“ der Handlung gestalten, je nachdem, welche Bedeutung und Funktion er haben soll. Man kann Grundfunktionen der Schauplatzgestaltung unterscheiden:

Schauplatz, Ort	der Schauplatz der Handlung an sich kann bedeutungskonstituierend sein (Innenraum, öffentlicher Raum, Außenwelt, …); die einfache Beschreibung des Ortes kann bereits Aufschluss über Figurenkonstellationen oder Handlungszusammenhänge geben
Ambiente	die soziale Umwelt als Ausdruck des gesellschaftlichen Lebensstils einer Figur; Widerspiegelung der gesellschaftlichen Umwelt der Figur, z. B. bei Kleidung, Wohnung, Haltung, …
Soziales Milieu	die soziale Umwelt in ihrer Funktion als kausal-determinierendes Milieu, das die Figur in ihrem Denken, Fühlen, Handeln, Sprechen prägt
Stimmungsraum	die Unterstreichung des Gemütszustandes einer Figur durch eine bestimmte Atmosphäre, z. B. Gewitterschwüle (kurz vor einer emotionalen Eruption der Figur), Sonnenschein (Heiterkeit und Gelassenheit der Figur), Regen (Traurigkeit der Figur)
Symbolischer Raum	die Verdichtung der gesamten Thematik, z. B. eines Romans, in anschaulichen, bedeutsamen Bildern (Symbolen) mit Verweisfunktion

zugleich Wendepunkt Kapitel 5, das in einer Art Binnenerzählung Albertines Traum, also ihre Erlebnisse in der Nachtwelt, enthält. Kapitel 6 entspricht wiederum den Kapiteln 2 und 3, indem gleichsam Fridolins Rückkehr aus der Nachtwelt in sein bürgerliches Leben geschildert wird. Zugleich hat es aber auch eine retardierende Funktion.

Figuren

- Die Zentralfigur Fridolin wird als überwiegend unentschlossen und sich selbst überschätzend gezeichnet. Seine Abenteuer, die alle nicht zur Erfüllung kommen, lassen ihn erkennen, dass er sich nach wie vor zu Albertine hingezogen fühlt.
- Albertine, deren Verlangen im Traum zur Erfüllung kommt, wird kaum näher charakterisiert, doch ist sie es, die den Mut zur Offenheit hat und trotz allem an der Ehe festhalten will.
- Die weiteren Frauenfiguren symbolisieren Fridolins Abkehr von der vertrauten bürgerlichen Welt; die Frauen üben einen zunehmenden erotischen Reiz auf ihn aus.
- Nachtigall und Dr. Adler können als Kontrastfiguren zu Fridolin verstanden werden.

erzählte Zeit	Erzählzeit
Der Zeitraum, über den sich das erzählte Geschehen erstreckt, markiert durch Anfang und Ende der Geschichte	Die Zeit, die man zum Erzählen oder Vortragen bzw. zum Lesen der erzählten Geschichte braucht

Zeitgestaltung	Darbietungsform	Verhältnis von Erzählzeit und erzählter Zeit
Zeitraffendes Erzählen	Erzählerbericht	Erzählzeit < erzählte Zeit
Zeitdeckendes Erzählen	Szenische Darstellung	Erzählzeit = erzählte Zeit
	Erzählerkommentar, Erzählerreflexion	Erzählzeit - - -
Zeitdehnendes Erzählen	Innerer Monolog, Bewusstseinsstrom	Erzählzeit > erzählte Zeit

Zeit/Zeitgestaltung

Der Erzähler kann die Zeit unterschiedlich gestalten. Dabei ist zu unterscheiden zwischen **erzählter Zeit**, also der Zeit, über die sich das erzählte Geschehen erstreckt, und der **Erzählzeit**, also der Zeit, die man zum Erzählen oder Vortragen bzw. zum Lesen braucht.
Der Erzähler kann die erzählte Zeit raffen **(Zeitraffung)**, dehnen **(Zeitdehnung)** oder Deckungsgleichheit zwischen Erzählzeit und erzählter Zeit herstellen **(Zeitdeckung)**.
Er kann auch zeitneutral erzählen (z. B. beim Beschreiben oder beim Erzählerkommentar), er kann in der Zeit springen (Zeitsprung), er kann zurückspringen (Rückblende) oder auf Künftiges vorausdeuten (Vorausdeutung).
Mit der Art der erzählerischen Zeitbehandlung korrelieren die Darstellungsformen.
So wird z. B. im Erzählerbericht das Geschehen gerafft, die Erzählzeit ist also kürzer als die erzählte Zeit. Bei der szenischen Darstellung entsprechen sich in der Regel Erzählzeit und erzählte Zeit, es herrscht also Zeitdeckung. Zeitdehnung kann z. B. bei langen Figurenmonologen (z. B. beim Inneren Monolog) vorkommen.
Wenn man, z. B. in einem Roman, Erzählzeit und erzählte Zeit in Zusammenhang bringt, bekommt man eine „Erzählkurve", die die Zeitgestaltung anzeigt.

„Leutnant Gustl" – in aller Kürze

Arthur Schnitzlers (1862–1931) Novelle erschien 1900/01 und stieß sogleich in Militärkreisen auf Protest, in dessen Folge Schnitzler, der Reserveoffizier der k. u. k. Armee war, der Offiziersrang aberkannt wurde. Die Novelle zählt zum literarischen Impressionismus, für den die Aneinanderreihung von Wahrnehmungen und Stimmungen – häufig in Form von inneren Monologen – typisch ist.

Thema

Mit dem k. u. k. Offizier Leutnant Gustl stellt Schnitzler eine epochentypische Figur in den Mittelpunkt, deren Wertvorstellungen stellvertretend für den inneren Zustand der Wiener Gesellschaft um 1900 stehen und diese zugleich demaskieren (überkommener Ehrbegriff, Antisemitismus, Autoritätsgläubigkeit, Rolle der Frau u. a.). Die Novelle zeigt Gustl dabei in einer existentiellen Krise, aus der er glücklich, aber ohne etwas gelernt zu haben, wieder hervortritt.

Aufbau und Gestaltung

Die Novelle weist einen kreisförmigen Aufbau auf: Die Handlung setzt an einem belebten Ort in der Innenstadt (im Konzerthaus), der Gustl jedoch innerlich fremd ist, ein und führt über den Prater, an dem Gustl sich zugleich